JN083864

はじめに

忙しい毎日を送っているなかで、野菜をたくさんとるというのは、
意外とたいへんなことですよね。

「野菜をまとめ買いすると、献立が偏りがちに……」
「冷蔵庫に入れておいたら、いつの間にかいたんでいた」
「急な出張に行くことになり、泣く泣く捨てた」

などなど、野菜の長期的な保存法がわからないと、
イライラがふえるいっぽうに。

そのイライラを解消するためには、
スーパーで新鮮な野菜をまとめ買いしたら、
半分は冷凍することをオススメいたします。
以前は「新鮮な野菜を冷凍なんて！」という考えが一般的でしたが、
その考えは一切捨ててほしいのです。
今は野菜を「まるごと」冷凍しても、この本に書かれていることを守れば、
おいしく食べることができるのです！
もちろん「まるごと」だけでなく、
よくつくる献立が決まっている人は「カット」して冷凍するのもアリです！

この本をとことん利用して、新鮮な野菜をいっぱい体にとり入れて、
健康な生活を送ってほしいと思います。

料理研究家　島本美由紀

CONTENTS

Part 1 実野菜

Part 2 根菜

Part 3 きのこ類・薬味野菜・発芽野菜

Part 4 葉野菜

Part 5　フルーツ

Part 6　ミックスセット

野菜&フルーツ
冷凍の新常識 ⑦

① まるごと冷凍も OK!

野菜もフルーツも「まるごと」をそのまま冷凍して大丈夫です（すべてではありません）。以前は「カットしてから冷凍」が常識でしたが、パプリカやトマト、アスパラ、バナナなど、多くの食材は「まるごと」冷凍してもOKなことがわかりました。

② 下ごしらえなしでもできる!

冷凍前にゆでたり、炒めたりしなくても、生のまま冷凍できる野菜やフルーツがたくさんあります。「まるごと」なら下ごしらえなしでカンタン。食べやすく「カット」しておくと、使うときにまな板&包丁いらずでラク。

③ 凍ったまま使えて調理が時短に!

野菜やフルーツは、凍ったまま鍋やフライパンに入れて加熱できるので、解凍時間を待たずにすぐ調理できます。また、生の状態で冷凍しておくと、実際につくるときにメニューが限定されないので、使い勝手はバツグンです。

4 水分の多い野菜やフルーツも冷凍OK!

冷凍に水分は大敵ですが、95％以上も水分を含むきゅうりでも冷凍ができます。同じく水分の多い大根やすいかも、この本の通りにカットして冷凍すれば大丈夫。〝水分の多い野菜は冷凍できない〟という古い常識はスッパリ忘れてください！

5 凍ったままでも切れる!

凍ったまま、食材を包丁やキッチンバサミで切ることも可能です。皮がツルツルしているナスや栗、硬いじゃがいも、アボカドも、冷凍室からとり出して室温に1～5分ほど置けば（それぞれの食材で分数は変わります）、好きな大きさに切ることができます。

6 凍ったますりおろせる!

きゅうりや長いも、しょうが、レモンの皮などを凍ったまま、すりおろすことができます。きゅうりのすりおろしは冷麺のトッピング向き。レモンの皮は冷凍のまますりおろすと、フワフワとした食感になり、デザートのトッピングに向いています。

7 皮がするんとむける!

「まるごと」冷凍したトマトや里いもなどは、水につけるとカンタンに皮がむけます。めんどうな湯むきが不要になります。ぶどうやキウイ、桃なども水につけると、皮がするんとむけます。

野菜とフルーツを
冷凍するメリット 7

1 圧倒的に長もちする!

もやしやニラ、いちごなど、すぐにいたんでしまう食材も、カットして冷凍すると約1カ月、まるごとのまま冷凍すると約2カ月の保存が可能に。鮮度が高いうちに冷凍すれば、おいしさや栄養の低下も防ぐことができます。あわてて使いきる必要もありません。

2 うまみや甘みがアップする食材もある!

きのこやトマトは冷凍すると細胞組織が壊れて、うまみ成分や甘みがぐっとアップします。ピーマンやセロリのように、冷凍することで独特の青くささが気にならなくなることもあります。野菜が苦手な子どもも冷凍を活用すると、ムリなく食べられそう。

3 栄養がアップする!

きのこ類やブロッコリー、ブルーベリー、ニラなどは冷凍することで栄養価がます効果があります。とくに、しいたけはうまみも3倍になり、風味もよくなります。旬の時期に、多めに買って冷凍保存しておくと、栄養を効果的にとることができます。

4 まとめ買いして買いものの回数を減らせる！

食材のまとめ買い＆冷凍をしておけば、買いものの回数を減らすことができます。また、食材が安いときにまとめ買い＆冷凍保存をすれば、節約にもつながります。

5 火の通りが早くなる！

冷凍すると食材の組織が壊れるため、加熱したときに素早く水分が抜けて、火の通りがぐんと早くなります。また、調味料がしみ込みやすくなるので、量をひかえることができ、時短調理にも役立ちます。

6 フードロスを防げる！

本来食べることができたのに捨てられてしまう食品をフードロスと呼びます。フードロスの削減は世界的な流れで、日本は2030年までに大幅削減の目標を立てています。日本の家庭でもっとも捨てられている食材は野菜。冷凍保存することで直接廃棄を防ぐことができます。

7 余分な油を吸わなくなる！

なすやじゃがいものように、凍ったままでも油で揚げることができる食材もあります。加熱中に野菜の中から水分が出るので、油の吸いすぎをガードしてくれます。炒めるときも同様に、油をセーブできるのできのこやなすを使った料理がヘルシーに仕上がります。

野菜とフルーツを
生のままで
冷凍するときの手順

Step 1

新鮮なうちに保存する

　鮮度が落ちないうちに冷凍保存をしましょう。たとえば、スーパーで野菜をまとめ買いをしたら、半分は2〜3日以内に調理し、残り半分は冷凍保存するのがオススメです。野菜もフルーツも、購入した翌日から味も栄養価も落ちていくので、まとめ買い後は冷凍保存がオススメです。

Step 2

水けをしっかりふく

　野菜やフルーツの外側に水けが残ったまま冷凍すると、霜がついて味が落ちてしまい、油ハネの原因にもなります。野菜を流水で洗ったらキッチンペーパーで水けをしっかりふきとって。

Step 3

冷凍用保存袋にイン!

　庫内の乾燥から守るために、保存袋は冷凍専用のものを使いましょう。多くの野菜やフルーツはそのまま袋に入れてOKです。ただし、水分が多くてくっつきやすい野菜や皮が薄いもの、香りをしっかり残したいものはラップで包んでから冷凍用保存袋に入れます。

Step 4

「まるごと」と「カットしたもの」では冷凍法を変える

　野菜やフルーツは、生で「まるごと」冷凍すると切り口からの劣化を防いでくれるので、色や食感が変わりにくくなり、保存期間も長くなります。少量ずつ使いたい野菜は、よく使うサイズに「カット」してから冷凍しましょう。袋から出したらそのまま、鍋やフライパンで加熱できるので、時短につながります。

Step 5

薄く、平らにし、空気を抜く

　食材を冷凍用保存袋に入れたら、空気を抜いて密閉し、乾燥を防止します。スピーディーに凍らせるためにも、中身を薄く平らにのばしましょう。まるごと冷凍をする際には、袋の中の空気が抜けにくいので、ストローを入れて中の空気を吸い出すとしっかり空気を抜くことができます。

Step 6

金属製バットにのせて急速冷凍する

　味や食感の劣化を防ぐためには、できるだけ早く凍らせることが大切です。冷気が早く伝わる金属製バットやトレイにのせて冷凍室に入れると早く凍ります。冷凍されたら金属製バットをとりのぞいてOKです。

冷凍したあとの注意点

再冷凍は
NG！

解凍して使いきれなかった野菜やフルーツの再冷凍はやめましょう。解凍時に食材の中から水分が出てしまうため、再冷凍すると大幅に食感が悪くなってしまいます。

永遠に
食べられる
わけではない

冷凍すると長期保存できるといっても、おいしさが失われないうちに食べきりましょう。保存期間の目安は「まるごと」が2カ月、「カットしたもの」は1カ月以内です。

「まるごと」を
調理するときは
気をつけて

「まるごと」冷凍した食材は、皮がツルツルしたものは包丁が入りにくいため、すべらないように注意して。3〜5分ぐらい室温に放置すると切りやすくなります。すぐ切りたいものは、30秒ほど電子レンジで加熱して、様子を見ながらカットしてください。

基本のグッズ

ラップ

食材を小分けにして冷凍するときに使用。また、乾燥しやすかったり、香りが強かったりする野菜やフルーツなどは、ラップで包んでから冷凍する。

冷凍用保存袋

冷凍する際はジッパーつき冷凍用保存袋を使う。厚手の素材で酸化や乾燥から守ってくれる。袋の口を開けばレンジ解凍OK。

ストロー

「まるごと」冷凍の際は、ストローを使って保存袋の中の空気を吸い出すと、しっかりと空気が抜ける。どんなストローでもOK。

金属製バット

冷凍室内で食材をのせるバットは、冷気が伝わりやすいアルミかステンレス製が最適。100円ショップで購入したものでもOK!

シリコン&アルミカップ

果汁など、汁けの多いものを小分けにして冷凍するときに使用。アルミカップ、もしくは洗ってくり返し使えるシリコンカップがオススメ。

キッチンペーパー

食材についた水分をしっかりふきとるために必要なアイテム。野菜どうしがくっついたり、霜がついたりするのを防ぐ。

この本の使い方

　冷凍したい食材を探すには、目次（P3〜5）、索引（P124〜126）を参照してください。保存期間や解凍時間は目安です。冷凍環境によって異なるため、様子を見ながら、なるべく早く使いましょう。

　また実野菜と葉野菜はすべて水洗いし、水けをよくふきとってから冷凍してください。この本に掲載されている食材のほとんどが、生のまま冷凍できますが、カットしたきゅうりなど一部、下ごしらえが必要なものもあります。

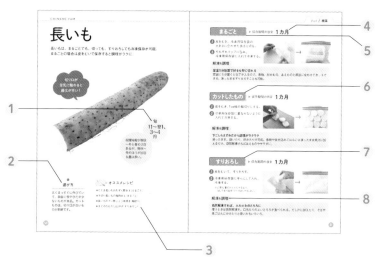

1 旬

　野菜とフルーツは旬の時期は栄養価が高くなっています。より健康的な生活を送りたい人は、旬を意識して食材を買いましょう。

2 選び方

　食材を選んで購入するときに、気をつけてほしいことが書いてあります。しなしなの野菜は冷凍してもおいしくありません。

3 オススメレシピ

　野菜やフルーツを冷凍保存したあと、実際に使うときにオススメのレシピ名を紹介しています。

4 保存期間

　冷凍して保存できる期間の目安です。あくまでも目安なので、季節や冷凍室の環境によっても保存期間が変わるため、なるべく早く使いきりましょう。

5 〝まるごと〟の冷凍法

　この本では〝まるごと〟冷凍できる食材について、その冷凍法を紹介しています。まとめ買いしたあと、すぐ使わないときは、とりあえずまるごと冷凍することをオススメします。

6 〝カットしたもの〟の冷凍法

　野菜やフルーツをカットしてから冷凍する方法を紹介しています。〝カットしたもの〟は〝まるごと〟より、保存期間が短いので注意してください。ただし、実際に調理するときは保存袋からとり出すだけなので便利な方法です。この本では、それぞれの食材を料理するときに実際に使いやすいカット法を掲載しています。

7 〝まるごと〟〝カットしたもの〟以外の冷凍法

　すりおろした長いも、すりおろした大根など、〝まるごと〟〝カットしたもの〟以外の冷凍法を紹介しているのもあります。

8 それぞれの解凍法

　〝まるごと〟〝カットしたもの〟では解凍方法が違う場合が多いため、それぞれの解凍法と調理法を解説しています。

Part 1

実野菜

実野菜とは、パプリカやピーマン、
トマト、枝豆など、実の部分を食べる野菜のこと。
果菜類とも言います。

パプリカ

解凍しても食感と甘みはそのまま。サラダや炒めもの、ピクルスと
幅広く使えて、冷凍するのにとても向いている野菜です。

加熱すると
甘みが増すよ！

旬
6〜8
月

国産は6〜9月を
中心に出回るが、
海外産は通年、販
売されている。

選び方

肉厚でハリのあるものが
よいでしょう。色ムラが
あるものや、切り口が変
色しているものは避けま
しょう。

オススメレシピ

- 夏野菜のラタトゥイユ（B 乱切り）
- パプリカを器にしたドリア（まるごとを切って器に）
- パプリカのマリネ（A 細切り）
- パプリカのおひたし（A 細切り）
- パプリカのアンチョビ炒め（A 細切り・B 乱切り）
- ピザのトッピング（A 細切り）

まるごと ▶ 保存期間の目安 **2カ月**

1. 洗って水けをしっかりふく。

2. 冷凍用保存袋に入れて空気を抜き、冷凍する。

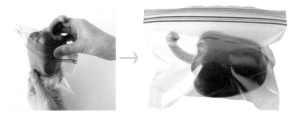

解凍&調理

室温5分放置で自由にカットできる

冷凍室から出して約5分で、細切りも乱切りも可能。凍ったまま加熱調理ができる。完全に解凍すればゆでたような食感になるので、サラダやマリネなどに使える。

カットしたもの ▶ 保存期間の目安 **1カ月**

A

1. 洗って水けをふき、縦半分に切ってヘタと種をとる。

2. 縦に1cm幅の細切りにし、冷凍用保存袋に平らに入れて冷凍する。

B

1. 洗って水けをふき、縦半分に切ってヘタと種をとる。

2. ひと口大の乱切りにし、冷凍用保存袋に入れて冷凍する。

解凍&調理

自然解凍で生のまま食べてもOK

凍ったまま、煮物や炒めものなど、加熱調理にサッと使えて便利。全解凍後に水けをしぼれば、細切りも乱切りも加熱不要のおひたしやあえものになる。

ピーマン

ピーマンは冷凍すると、青くささや苦みが弱まります。
ピーマン特有の苦みが嫌いな子どもには冷凍保存がオススメです。

旬
6〜8
月

年間を通して、国産が流通。夏野菜なので、5〜9月が本来の味。

皮に
シワがあるのは
新鮮ではない！

選び方

皮にツヤがあり、色鮮やかなもの。肩が張っていて、弾力があるものがオススメ。ヘタの切り口が黒っぽいものは避けましょう。

オススメレシピ

- まるごとピーマンのグリル（まるごと）
- まるごとピーマンのおひたし（まるごと・細切り）
- 青椒肉絲（細切り）チンジャオロース
- 回鍋肉（細切り）ホイコーロー
- ピーマンとじゃこのあえもの（細切り）

まるごと ▶ 保存期間の目安 **2カ月**

1 洗って水けをしっかりふく。

2 冷凍用保存袋に入れ、
空気を抜いて
冷凍する。

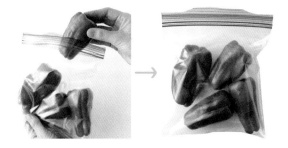

解凍&調理

種ごと食べられる煮込み料理がオススメ
凍った状態で煮込むと、種やヘタもおいしく食べられる。室温に3〜5分おけば自由自在
にカットが可能。全解凍すると、サッとゆでたような食感になる。

カットしたもの ▶ 保存期間の目安 **1カ月**

1 縦半分に切ってヘタと皮をとり、縦に0.5cm幅の細切りにする。

2 冷凍用保存袋に入れて
平らにし、冷凍する。

解凍&調理

生より火の通りが早く、時短になる！
カットしたピーマンは、凍ったまま炒めものや、さっと煮、あえものなどに使える。生より
も火の通りが早いので、時短調理が可能に。手軽に彩りをプラスできる。

トマト

解凍したトマトは煮込みなどの加熱調理にうってつけ。
冷凍によって細胞が壊れ、コクやうま味がぐっと引き出されます。

トマトは
ヘタつきのまま
冷凍するよ！

旬
6〜8
月

通年市場にあるが、
日本での露地栽培
の旬は6〜8月。
春〜初夏は糖度が
高い。

選び方

赤みが濃く、皮がパンと
張ったものを選びましょ
う。ズシリと重みがある
ものは、水分が多くジュ
ーシー。

 ### オススメレシピ

● 冷やしトマトおでん（まるごと）

● すりおろしトマト入り めんつゆだれ（まるごと）

● 鶏肉のトマト煮（まるごと・ざく切り）

● ミートソース（ざく切り）

● トマトとバジルの冷製パスタ（ざく切り）

まるごと ▶ 保存期間の目安 **2カ月**

1. 洗って水けをしっかりふく。

2. ヘタつきのまま、
冷凍用保存袋に入れて
冷凍する。

   ※冷凍すると中身が膨張して、
   ひびが入るので、気になれば
   ラップで包んで!

解凍&調理

水につけるだけで皮がツルンとむける
凍ったままヘタの反対側に浅く切り目を入れ、水にさらすと切れ目から皮がむける。凍った状態ですりおろしも可能。室温に約5分おけば好きな形に切ることができる。

カットしたもの ▶ 保存期間の目安 **1カ月**

1. 縦半分に切ってヘタをとり、皮つきのまま1〜1.5cm角に切る。

2. 種ごと冷凍用保存袋に
入れて平らにし、
冷凍する。

解凍&調理

凍ったまま、煮込みやソースに
種から出るうまみが凝縮。肉や魚のトマト煮込み料理や、トマトソースやミートソースづくりにオススメ。さらに冷製パスタ、トマトのドレッシングなど、幅広く活用できる。

ミニトマト

サラダやお弁当の彩りに欠かせないミニトマト。
まるごと冷凍すれば、皮が実を守り、カットするより日持ちします。

最近は黄色や
オレンジ色、紫色なども
出回っているよ！

旬
5〜8
月

年間を通して流通
している。比較的
多く出回るのは5
月ごろ。

選び方

ヘタは緑色でピンとして
いて、実はツヤがあり赤
みが濃いものが新鮮です。
実が割れているものは鮮
度が落ちている証拠。

 ## オススメレシピ

● ミニトマトのハチミツマリネ（まるごと）

● ミニトマトのコンポート（まるごと）

● ミニトマトのソテー（まるごと・カット）

● ミニトマトのカプレーゼ（まるごと・カット）

● ミニトマトと卵のスープ（まるごと・カット）

まるごと ▶ 保存期間の目安 **2カ月**

1 ヘタをとり、洗って水けをしっかりふく。

2 冷凍用保存袋に
重ならないように入れて
冷凍する。

　❋トマトと違い、ミニトマトは
　　ヘタをとっても穴があかないため、
　　ヘタをとってから冷凍する。

解凍&調理

皮をむくなら凍ったまま水につけおき
トマト同様、凍ったまま水にさらせば皮は簡単にむけ、熱湯にくぐらせる手間はいらない。
皮つきのまま、炒めものや煮込みに活用しても。

カットしたもの ▶ 保存期間の目安 **1カ月**

1 ヘタをとり、洗って水けをしっかりふき、横半分に切る。

2 トレイにラップをしき、
切り口が上になるように
して並べ、ラップを
かけて冷凍する。
凍ったら冷凍用保存袋に
移す。

解凍&調理

凍ったまま加熱してもOK
炒めものやスープなどの加熱調理に凍ったまま使える。半解凍にすれば、生のままあえも
のやサラダなどにさっと使えて便利。

いんげん

生のまま冷凍可能。そのまま煮物や炒めものなどに使えます。
食感がやや変わるので、気になる場合は加熱してから冷凍しても。

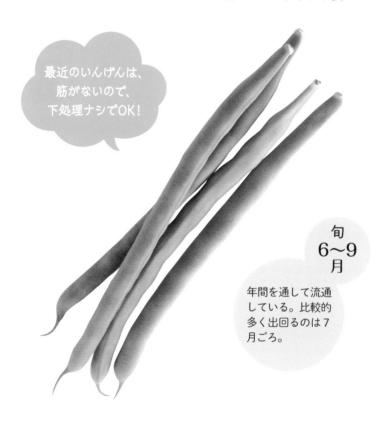

最近のいんげんは、
筋がないので、
下処理ナシでOK！

旬
6〜9
月

年間を通して流通
している。比較的
多く出回るのは7
月ごろ。

選び方

新鮮なものは全体的に濃
い緑色で、先までピンと
ハリがあります。細めの
もので、凸凹が少ないも
のがオススメです。

 オススメレシピ

- いんげんのくたくた煮（まるごと）
- いんげんのソテー 温泉卵のせ（まるごと）
- いんげんのごまあえ（A 3〜4㎝）
- いんげんと豚ひき肉の甘辛炒め（B 1㎝幅）
- チャーハン（B 1㎝幅）

まるごと ▶保存期間の目安 **2カ月**

1 洗って水けをしっかりふく。

2 冷凍用保存袋に
入れて空気を抜き、
冷凍する。

解凍&調理

凍った状態なら、手で折って使える
凍ったいんげんは手でポキンと折って、そのまま鍋やフライパンへ。サラダやあえものに
するときはレンジ加熱してOK。

カットしたもの ▶保存期間の目安 **1カ月**

A 1 洗って水けをしっかりふき、3〜4cm長さに切る（斜め切りでもよい）。

2 冷凍用保存袋に
入れて冷凍する。

B 1 洗って水けをしっかりふき、1cm幅に切る。

2 冷凍用保存袋に
入れて平らにし、
冷凍する。

解凍&調理

好みの長さに切っておけばすぐ使える
凍ったままでも火の通りが早いので、炒めものやスープなどの加熱調理に便利。あえもの
やサラダなら自然解凍やレンジ加熱をして活用できる。

枝豆

枝豆は収穫すると急速に鮮度が落ちます。
すぐに食べないときは冷凍すると、
栄養をそのままキープできます。

旬
6〜8
月

5月から出回り始
め、10月までがシ
ーズン。冬の枝豆
は冷凍品だけ。

選び方

さやが鮮やかな緑色
で、産毛が濃くつい
たものを。実がふっ
くらとしているもの
が新鮮。

冷凍しても
ビタミンCが生と
変わらない！

まるごと ▶ 保存期間の目安 3〜4カ月

1 キッチンバサミで枝から切り落とし、よく洗って水けをしっかりふく。

2 冷凍用保存袋に入れて
平らにし、冷凍する。

解凍&調理 **凍った状態で両はしを切り、ゆでる**
凍ったまま、キッチンバサミで両端はしを0.2cmほど切り落とし、塩をまぶ
して熱湯でゆでるだけ！

 **オススメ
レシピ**
● さやごと焼き枝豆　　● 枝豆のしょうゆ煮　● 枝豆ごはん
● 枝豆とコーンのマヨサラダ　● ずんだもち

ししとう

和食に彩りを添えるいぶし銀的存在。
生のままおいしく冷凍保存ができるので、
常備しておくと重宝します。

旬
6〜8
月

ハウス栽培が盛ん
で通年出回ってい
るが、もっともお
いしいのは夏。

種ごと
食べられるよ！

選び方

全体的に鮮やかな緑
色でツヤとハリがあ
り、細長い茎がしっ
かりしたものが新鮮。

 まるごと ▶ 保存期間の目安 **2カ月**

① 洗って水けをしっかりふく。

② ヘタは残して茎を
キッチンバサミで
短く切る。

③ 冷凍用保存袋に入れて
平らにし、冷凍する。

 →

爆発防止の切り込みは凍ったままでもOK

解凍&調理 　まるごと使う場合は凍った状態で約1cmの切り込みを入れれば、炒めもの
や揚げものに使える。凍ったままカットもできる。

 **オススメ
レシピ**

● ししとうのくし焼き　● ししとうの豚バラ巻き焼き

● ししとうの天ぷら　● 焼き魚などのつけ合わせ

絹さや

筋さえとれば、生のまま冷凍し、
そのまま調理に使えます。
少量でも彩りに役立ちます。

旬
4〜5
月

ハウス栽培が盛ん
で通年入手可能。
本来の旬は春から
初夏。

選び方

ひげが白っぽく、全
体がピンとしていて
鮮やかな黄緑色のも
のは甘みがあります。

ゆですぎると
色がイマイチに！

まるごと ▶ 保存期間の目安 **1カ月**

1 洗って水けをしっかりふき、ヘタと筋をとる。

2 冷凍用保存袋に入れて
空気を抜き、冷凍する。

 →

解凍&調理　**お湯をかければ即解凍**
煮物、炒めもの、スープなど加熱調理に、凍ったまま使える。熱湯をサッ
とかけて解凍してもOK。

 オススメ
レシピ

| ●絹さやの卵とじ | ●絹さやとえびの塩炒め | ●八宝菜 |
| ●三食丼 | ●絹さやのみそ汁 | |

スナップエンドウ

甘みやパリッとした食感は、冷凍保存しても味わえます。
いたみが早いので、すぐに使わなければ冷凍保存を。

2月から出回り始
め、7月まで市場
にある。

生は1〜2分
ゆでればOK!

選び方

緑色が濃く、ほどよ
くふくらんだものが
新鮮。平らなものは
実が成長しきらず、
甘みは少なめ。

まるごと　▶ 保存期間の目安 **1カ月**

1 洗って水けをしっかりふき、ヘタと筋をとる。

2 冷凍用保存袋に入れ、
空気をしっかり抜いて
冷凍する。

 →

解凍&調理

凍ったまま加熱調理に加える
凍った状態で、炒めものや煮物、スープなどに使える。生のものと比べて
すぐ火が通り、揚げてもおいしい。

 **オススメ
レシピ**

- スナップエンドウのガーリックソテー
- スナップエンドウと豚こまの塩炒め
- スナップエンドウとベーコンのクリームパスタ
- スナップエンドウの中華スープ
- スナップエンドウと手羽元のスープ

きゅうり

水分の多いきゅうりですが、しっかり水けをふきとれば、
冷凍しても保存袋のなかでくっつく心配もありません。

旬
6～8
月

通年、入手可能
ですが、本来の
旬は夏。

下処理しなくても
冷凍できるよ！

選び方

できるだけ太さが均一で、
さわると痛いくらいとが
ったイボがついているも
のがよいでしょう。

 オススメレシピ

● 冷やし中華（まるごとを細切りにする）

● 棒棒鶏（まるごとを細切りにする）
バンバンジー

● おろしきゅうりのせ冷やしうどん（まるごとをすりおろす）

● ポテトサラダ（塩もみ）

● 鮭ときゅうりのまぜごはん（塩もみ）

● わかめときゅうりの酢の物（塩もみ）

まるごと ▶ 保存期間の目安 **2カ月**

① 洗って水けをしっかりふく。

② 冷凍用保存袋に入れて
冷凍する。

❖くっつきが気になれば
1本ずつラップに包んで！

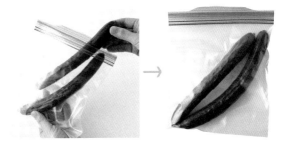

解凍&調理

凍ったまますりおろしも可能
室温に5分ほど置くと自由に切ることが可能。凍った状態ですりおろして納豆あえや緑酢
に、半解凍で細切りにして冷やし中華や冷ややっこにトッピングできる。

カットしたもの ▶ 保存期間の目安 **1カ月**

① 洗って薄く小口切りにし、1本につき塩小さじ1/4を振ってもむ。
5分ほどおき、水けをしぼる。

② 小分けにして
ラップに包み、
冷凍用保存袋に入れて
冷凍する。

解凍&調理

冷凍しても食感はそのまま
塩もみで水分が抜けているため、解凍してもシャキシャキとした食感が残る。調理すると
きは自然解凍で。

ズッキーニ

解凍しても生と同じ食感で冷凍向き。オリーブ油との相性がよく、炒めもの向き。水気をしぼれば生のままでもあえものに！

旬
6～8
月

年間を通じて流通しているが、多く出回るのは6月ごろ。

切断面がないため、丸ごとは水分が飛びにくい！

選び方

大きすぎず、太さが均一なものが良質。皮がやわらかく、切り口が茶色く変色していないものを選びましょう。

 オススメレシピ

- ラタトゥイユ（まるごとを乱切り）
- ズッキーニのベーコン炒め（まるごとを輪切り）
- ズッキーニのチーズパン粉焼き（B 輪切り）
- ズッキーニのピカタ（A 短冊切り）
- ズッキーニのナムル（まるごと）

まるごと ▶ 保存期間の目安 **2カ月**

1. 洗って水けをしっかりふく。

2. 冷凍用保存袋に入れて空気を抜き、冷凍する。

   ❖くっつきが気になれば1本ずつラップに包んで！

解凍&調理

5分の室温解凍で、ヘタも切り落とせる
室温に5分おけば包丁が入り、好きな形にカットできる。全解凍してから切って、水けをしぼれば、あえものなどにも活用できる。

カットしたもの ▶ 保存期間の目安 **1カ月**

A
1. 洗って水けをしっかりふく。

2. ヘタを切り落とし、0.5cm幅の短冊切りにする。

3. 冷凍用保存袋に入れて平らに冷凍する。

B
1. 洗って水けをしっかりふく。

2. ヘタを切り落として縦1.5cm幅の輪切りにする。

3. 冷凍用保存袋に入れて空気を抜き、冷凍する。

解凍&調理

凍ったままで焼き物や煮物に
凍ったまま炒めたり、煮物、フライにできるので便利。生のままでも食べられるので、自然解凍してサラダやあえものに使うのもOK。

オクラ

生のまま冷凍しても、解凍するとゆでたような食感になります。ゆでる手間いらずで、常備しておきたい野菜です。

選び方

緑色が鮮やかで、表面の産毛が密で均一におおっているものが新鮮。小ぶりのものがおいしい。

旬
6～9月

通年流通しているが、露地栽培物の収穫時期は6～8月。

冷凍すると産毛が気にならなくなるので、板ずりは省略OK

まるごと ▶保存期間の目安 **2カ月**

① 洗って水けをしっかりふく。

② 冷凍用保存袋に重ならないように入れて冷凍する。

 →

解凍&調理

解凍すれば特有の粘りは復活

凍ったまま切って、炒めもの、スープなどに。解凍するとネバネバとした粘りが出てくる。あえものやトッピングにもOK。

カットしたもの ▶保存期間の目安 **1カ月**

① 洗って水けをしっかりふく。ヘタを切って小口切りにする。

② 冷凍用保存袋に重ならないように入れて冷凍する。

 →

解凍&調理

解凍後、生のまま食べられる

生のまま冷凍したオクラは、自然解凍すればそのままおいしく食べられる。あえもの、めん類や冷ややっこなどに。

 オススメレシピ

● オクラのフライ（まるごと）　● オクラと長いものあえもの（まるごと・小口切り）

● オクラ納豆そば（まるごと・小口切り）　● ネバネバ丼（まるごと・小口切り）

● オクラととうふの中華スープ（まるごと・小口切り）

そら豆

ゆでてから冷凍すると水っぽくなることも。さやつき、またはさやから出して薄皮つきのまま冷凍するのがベスト。

選び方

さやの色が鮮やかで、筋が茶色く変色していないものを選んで。豆の形がくっきり見えるものが良品。

旬
4〜6
月

1月から出回り始め、6月ごろまでがシーズン。

乾燥に弱いから冷凍がオススメ！

まるごと ▶ 保存期間の目安 **3〜4カ月**

1 洗って水けをしっかりふく。

2 冷凍用保存袋に入れ、空気を抜いて冷凍する。

 →

解凍&調理

さやつきならではの風味を味わう

凍ったまま、さやから豆をはずせる。そら豆ごはんや、そら豆のさやごとグリル焼きなど風味をしっかり味わえる。

まるごとのさやなし ▶ 保存期間の目安 **1カ月**

1 さやから出し、黒い筋の部分に切り込みを入れる。

2 冷凍用保存袋に入れ、空気を抜いて冷凍する。

 →

解凍&調理

薄皮つきのまま加熱する

凍ったまま電子レンジで加熱、または塩を加えた熱湯で3〜4分ゆで、水けをきって冷ます。

 オススメレシピ

● さやごとグリル焼き（まるごと）　● そら豆のガーリック炒め（まるごとのさやなし）

● そら豆のミルクスープ（まるごとのさやなし）　● そら豆ごはん（まるごとのさやなし）

● そら豆と桜えびのかき揚げ（まるごとのさやなし）

とうもろこし

缶詰やパウチのホールコーンは便利ですが、生のとうもろこしを冷凍すれば、おいしさは格別。旬の時期はぜひ冷凍保存を。

日もちが
しない野菜の
代名詞だよ！

旬
6〜8
月

収穫された時点から甘みが薄まる、夏が旬の野菜。

選び方

ひげ根が多いものほど粒の量は多め。皮なしなら実がふっくら、つやつやしたものを選びましょう。

 オススメレシピ

● 焼きとうもろこし（まるごと）

● とうもろこしごはん（まるごと）

● コーンと枝豆のマヨサラダ（まるごと・B ゆでて）

● とうもろこしのグリル焼き（A 輪切り）

● コーンの卵炒め（B ゆでて）

まるごと ▶ 保存期間の目安 **2カ月**

1. 皮をむいてひげ根をとる。
2. 1本ずつラップで包み、冷凍用保存袋に入れて冷凍する。

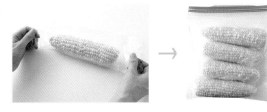

解凍&調理

まるごと、ゆでるかレンジ加熱
電子レンジなら凍った状態でラップに包んだまま600Wで1本につき6〜7分ほど加熱。まるごとゆでたりオーブンで焼いても、凍ったまま実をそいでスープなどに使っても。

カットしたもの ▶ 保存期間の目安 **1カ月**

A
1. 皮をむいてひげ根をとる。
2. 3cm幅の輪切りにし、冷凍用保存袋に重ならないように入れて冷凍する。

B
1. 皮をむいてひげ根をとる。
2. 水からゆで、沸騰してから3分ほどゆで、ざるに上げ、余熱で仕上げる。
3. 手で実をそぎ、冷凍用保存袋に入れ、平らにして冷凍する

解凍&調理

必要な量だけサッと使えて便利
輪切りは焼いたり煮たりするなら凍ったままでOK。ゆでてほぐした実は、凍ったまま、もしくは自然解凍すればなんにでもOK。

なす

寒さと乾燥に弱く、野菜室では低温障害を起こしがちなため、
冷凍しましょう。皮つきでまるごと冷凍すれば2カ月保存が可能に。

冷凍保存なら
あく抜き不要

旬
6〜8
月

通年出荷されて
いるが、本来は
夏野菜。

選び方

皮の色が濃く、ツヤとハ
リがあり、キズがないも
のを選びます。ヘタがピ
ンとして、とげがあるも
のは新鮮。

 オススメレシピ

● なすのまるごと煮（まるごとの皮つき）

● レンジ蒸しなす（まるごとの皮つき・皮むき）

● 麻婆なす（まるごとの皮つき・乱切り）

● なすのミートソースグラタン（まるごとの皮つき・乱切り）

まるごとの皮つき ▶ 保存期間の目安 **2カ月**

1 洗って水けをしっかりふく。

2 冷凍用保存袋に
入れて空気を抜き、
冷凍する、

 →

まるごとの皮むき ▶ 保存期間の目安 **1カ月**

1 ヘタを落として皮をむき、5分ほど水につけてアクを抜いてから水けをふく。
　　※ 新鮮なものなら水につけなくてもよい。

2 1本ずつ
ラップに包み、
冷凍用保存袋に
入れて冷凍する。

 →

解凍&調理

凍ったままレンジ加熱で簡単蒸し
室温に5分おけば包丁が入り、切ることが可能。皮つきも皮なしも、凍ったままレンジ
(600W)で1本につき3～4分加熱すると蒸しなすに。全解凍すればお漬け物に。

カットしたもの ▶ 保存期間の目安 **1カ月**

1 ヘタを切り落として乱切りにし、5分ほど水にさらし、水けをしっかりふく。

2 冷凍用保存袋に
入れて冷凍する。

 →

解凍&調理

スピード炒めにオススメ
冷凍保存した乱切りも輪切りも、すぐに火が通る。凍ったまま炒めたり煮たりできるので、
忙しいときの調理に大活躍。

ゴーヤー

冷凍すると独特の苦みは少しやわらぎます。
凍ったままパッと使えるようにカットして冷凍保存がベスト。

塩もみして
水洗いすると
苦みが減るよ!

選び方

表面のイボが密でキ
ズがないものを選び
ます。先端が少し白
っぽいものが食べご
ろ。

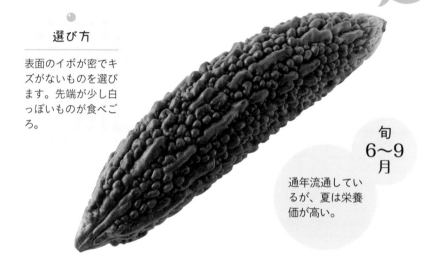

旬
6〜9
月

通年流通してい
るが、夏は栄養
価が高い。

カットしたもの ▶ 保存期間の目安 **1カ月**

① 洗って水けをしっかりふく。

② 縦半分に切って
種とワタをとり、
0.8mm幅の薄切りにする。

③ 冷凍用保存袋に
平らに入れて冷凍する。

 →

解凍&調理

ゆでる手間不要であえものに
凍ったまま、炒めものや汁ものに。自然解凍し、水にさらして水けをしぼ
れば、生のままあえものにして食べられる。

**オススメ
レシピ**

● ゴーヤーチャンプルー ● ゴーヤーとツナのさっと煮
● ゴーヤーの梅おかかあえ ● ゴーヤーの酢の物 ● ゴーヤーのみそ汁

とうがん

カットすると、種とワタの部分からいたみ始めます。
すぐに使わなければ、冷凍保存して日もちさせましょう。

カットしたら
すぐに冷凍して！

選び方

ズシリとした重みが
あるもので、皮の表
面に粉がふいている
ものは完熟していて
食べごろ。

旬
7〜9
月

冬でも食べら
れるが、夏向
きの味。

カットしたもの　▶ 保存期間の目安 1カ月

1 皮をむいて種とワタをとり、1cm幅のくし形に切る。

2 冷凍用保存袋に入れて
空気を抜き、冷凍する。

 →

煮物やスープに入れればトロトロ

解凍&調理　凍ったまま、煮物やスープに使える。冷凍によって細胞が壊れ、とろける
ような食感を味わえる。

 **オススメ
レシピ**
●とうがんと鶏肉の煮物　　●とうがんと鶏ひき肉とろみ煮
●とうがんのソテー　　　　●おろしとうがんとベーコンのスープ

かぼちゃ

すぐに使わなければ、使いやすい形に切って冷凍保存。味のしみ込みが早くなるメリットもあります。

選び方

ヘタのまわりが凹んでいて、カットものなら種がふっくらとして、硬いものは完熟。

旬 9〜12月

収穫する時期は6〜8月だが、食べごろは9〜12月。

すぐに使わないときは冷凍を!

カットしたもの ▶ 保存期間の目安 **1カ月**

A 1 種とワタをとり、一口大の角切りにする。

2 冷凍用保存袋に入れて空気を抜き、冷凍する。

B 1 種とワタをとり、皮つきのまま0.5cm厚さの薄切りにする。

2 冷凍用保存袋に重ならないように入れて冷凍する。

解凍&調理 **凍ったまま加熱調理で色と食感の変化を軽減**
凍ったまま煮物や炒めもの、汁ものに。事前解凍すると変色して食感が悪くなるので、凍ったまま使う。

 オススメレシピ
● かぼちゃ煮([A]角切り) ● かぼちゃのグラタン([A]角切り)
● かぼちゃの天ぷら([B]薄切り) ● かぼちゃのフライパン蒸し([B]薄切り)
● かぼちゃといんげんの南蛮漬け([B]薄切り)

Part 2 根菜

根菜とは、土に埋まっている根っこや
茎の部分を食べる、野菜といも類のこと。
多くは冬に旬を迎えます。

じゃがいも

冷凍は不向きと言われていたじゃがいもですが、生で冷凍しても
おいしく調理できます。新じゃがいもも同様に冷凍できます。

夏は常温保存
していると
芽が出るから
要注意

旬
4〜6
9〜11
月

新じゃがいもの旬
は春、ほかのじゃ
がいもは秋。通年、
流通している。

選び方

ふっくらとしていて、表
面はなめらかなものが良
品。芽が出ていたり、淡
い緑色に変色していたり
するものはNGです。

 オススメレシピ

- 塩辛じゃがバター(まるごと)
- ポテトサラダ(まるごと)
- フライドポテト(くし形切り)
- じゃがいものソテー(くし形切り)
- コロッケ(まるごと)

まるごと ▶保存期間の目安 **2カ月**

1 洗って水けをしっかりふく。

2 冷凍用保存袋に入れ、
空気を抜いて冷凍する。

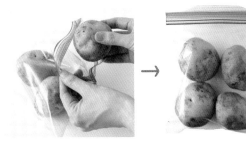

解凍&調理

凍ったまま、加熱すればホクホクに
凍ったまま水から約15分ゆでる。もしくはラップに包み、電子レンジ(600W)で6分(2個
の場合)、途中上下を返して加熱するとよい。レンジで加熱しすぎると硬くなるので注意。

※新じゃがいもは凍ったままカレーなど煮込み料理に入れてOK。

カットしたもの ▶保存期間の目安 **1カ月**

1 洗って皮をむき、縦半分に切る。切り口を下にし、放射状に3〜4等分に切る。

2 水にさらしてアクを抜く。
ザルに上げて
水けをしっかりふき、
冷凍用袋に入れて
空気を抜き、冷凍する。

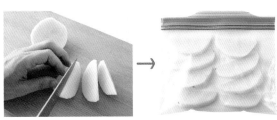

解凍&調理

フライにするとふっくら揚がる
解凍すると水分が逃げやすいので、凍ったまま調理。低温の油でじっくり揚げると、ふっ
くらした食感になるのでオススメ。

さつまいも

さつまいもは冷やすと甘みが落ちますが、加熱調理するとホクホクに。
煮ても、揚げても、炒めてもおいしい！

旬
11〜12
月

年間、流通してい
る。8〜11月が収
穫期だが、採れた
てがおいしいとは
限らない。

切り口から飴色の
ねっとりした蜜が
出ていると
糖度が高い！

選び方

皮の色が鮮やかで均一、
黒ずみがないものを選び
ましょう。変色している
ものは、古くて苦みがあ
る場合もあります。

 オススメレシピ

● さつまいもごはん（輪切り）

● 焼き芋（まるごと）

● さつまいものサラダ（まるごと）

● さつまいもの天ぷら（輪切り）

● 大学いも（輪切り）

まるごと ▶ 保存期間の目安 **2カ月**

① 洗って水けをしっかりふく。

② 冷凍用保存袋に入れて
空気を抜き、冷凍する。

解凍&調理

凍ったまま、まるごと加熱がおいしい
凍った状態で蒸す・ゆでる・オーブン焼きにといろいろできる。まるごと炊き込みごはんに
したり、つぶしてサラダにしても。

カットしたもの ▶ 保存期間の目安 **1カ月**

① 1.5mm幅の輪切りにする。
5分ほど水にさらし、水けをしっかりふく。

② 冷凍用保存袋に
重ならないようにして
入れて冷凍する。

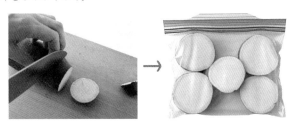

解凍&調理

ホクホク感を味わうなら「揚げる」こと
凍ったまま、油で揚げて天ぷらや大学いもにするとホクホクしてオススメ。また凍ったま
ま煮物やオーブン焼きもおいしくできる。レンジ加熱で解凍もできる。

里いも

めんどうな皮むきも、皮つきのまま冷凍すれば簡単。
ぬるぬるしてすべることなく、手がかゆくなる心配も無用です。

旬
9〜11
月

一年じゅう出回っ
ているが、秋から
冬にかけてが旬。

レンジ加熱で
簡単に皮が
むけるよ！

選び方

ふっくらとした形で、ず
しりと重みがあり、乾い
ているより湿り気がある
ものがオススメ。皮にキ
ズやひび割れがないかを
確認しましょう。

 オススメレシピ

● 里いもの煮っころがし（まるごと）

● 里いものごまみそあえ（まるごと）

● 里いもコロッケ（まるごと）

● 里いもの炊き込みごはん（輪切り）

● いも汁（輪切り）

まるごと ▶保存期間の目安 **2カ月**

① 皮をよく洗って水けをしっかりふく。ざるにのせ、2時間ほど、室内で乾燥させる。

② 冷凍用保存袋に入れて
空気を抜き、冷凍する。

解凍&調理

水につければ、皮がラクにむける
凍ったまま水につけて、皮を指でつまむようにして引っ張ればツルリとむける。次に、水から10〜15分ゆで、煮物、あえものなどに。

カットしたもの ▶保存期間の目安 **1カ月**

① 皮をむき、1.5㎝厚さの輪切りにする。
塩少々を振り、もんでぬめりをとり、水洗いする。

② 水けをふき、
冷凍用保存袋に
重ならないように入れて
冷凍する。

解凍&調理

煮物にそのまま使うと味がしみ込む
凍ったまま煮汁に入れて加熱し、煮物や炊き込みごはんに。冷凍により、味のしみ込みがよくなり、ホクホク加減も残る。

長いも

長いもは、まるごとでも、切っても、すりおろしても冷凍保存が可能。
まるごとの場合は皮をむいて保存すると調理がラクに。

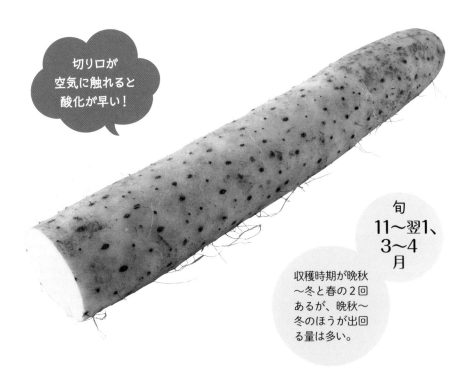

切り口が
空気に触れると
酸化が早い！

旬
11〜翌1、
3〜4
月

収穫時期が晩秋
〜冬と春の2回
あるが、晩秋〜
冬のほうが出回
る量は多い。

選び方

太くまっすぐに伸びてい
て、表面に根やひだが少
ないものが良品。カット
ものは、切り口が白いも
のが新鮮です。

 オススメレシピ

- たたき長いものもずく酢あえ（まるごと）
- 千切り長いもの梅肉あえ（まるごと）
- 長いものポン酢じょうゆ焼き（輪切り）
- まぐろのおろし山かけ（すりおろし）

まるごと ▶保存期間の目安 **1カ月**

1. 皮をむき、冷凍用保存袋の大きさに合わせた長さに切る。
2. それぞれラップに包み、冷凍用保存袋に入れて冷凍する。

解凍&調理

室温5分放置で好きな形に切れる
室温に5分置くと包丁が入るので、煮物、炒めもの、あえものと用途に合わせてカットできる。凍ったまますりおろすことも可能。

カットしたもの ▶保存期間の目安 **1カ月**

1. 皮をむき、1cm幅の輪切りにする。
2. 冷凍用保存袋に重ならないように入れて冷凍する。

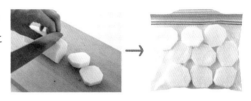

解凍&調理

下ごしらえずみだから調理がラクラク
凍ったまま、焼いたり、炒めたりが可能。煮物や炊き込みごはんには凍ったまま煮汁に加えるだけ。自然解凍すればあえものやサラダに。

すりおろし ▶保存期間の目安 **1カ月**

1. 皮をむいて、すりおろす。
2. 冷凍用保存袋に平らにして入れ、冷凍する。
   ※必要な量だけとりだせるよう、はしで折り目をつけておいてもよい。

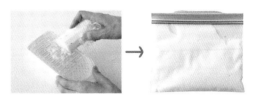

解凍&調理

自然解凍すれば、ふわふわのとろろに
使うときは自然解凍を。口当たりのよいとろろが食べられる。だし汁に加えたり、そばや麦ごはんにかけたりと使いみちいろいろ。

かぶ

皮をむいて冷凍したかぶは、火の通りが早く、味がよくしみ込みます。
忙しい日でも手軽に煮込み料理がつくれます。

選び方

実が均一に丸く、皮にハリがあってなめらか。葉は色濃く、茎はシャキッとしたものがおいしい。

旬
11〜翌1月

通年出回っているが、旬(寒い時期)はみずみずしく、甘味がある。

煮込み時間が短くても味がしみ込む!

まるごと ▶ 保存期間の目安 **1カ月**

❶ 葉を切り落として、皮をむき、十字に切り込みを入れる。
※小さいかぶは皮がやわらかいので、煮物で使うなら皮つきのままでOK。

❷ 冷凍用保存袋に入れて冷凍する。

 →

解凍&調理

好きな形に切って煮物やサラダに
小かぶなら水から鍋に入れてそのままポトフに。室温に5分ほどおけば、半月切りにしてあえものに。

カットしたもの ▶ 保存期間の目安 **1カ月**

❶ 葉を切り落とし、実は皮をむき、4〜6等分のくし形に切る。葉は3〜4cm長さに切り、ラップに包む。

❷ 冷凍用保存袋に実と葉を入れて冷凍する。

 →

解凍&調理

凍ったまま、鍋に入れるだけ
凍った状態の実と葉を煮込み料理やスープに活用できる。葉だけを、ふりかけや汁物の彩りにしてもよい。

 オススメレシピ
- かぶのそぼろ煮(くし形切りと葉) ● かぶのマリネ(くし形切りと葉)
- ポトフ(まるごと) ● かぶのすり流し(まるごと) ● かぶの葉とじゃこのふりかけ(葉)

ごぼう

冷凍しても歯ごたえが残ります。煮物や炒めもの、サラダ、ひき肉料理など幅広く使える万能冷凍野菜です。

選び方

まっすぐ伸びて、割れがないものを選びます。中心に「す」が入っているものは古い証拠。

旬 11〜翌1月
冬が旬だが、初夏に新ごぼうと呼ばれる品種も一部出回る。

冷凍するとき、アク抜きしなくてOK

まるごと ▶ 保存期間の目安 **1カ月**

① よく洗い、冷凍用保存袋の大きさに合わせた長さに切る。

② 水けをしっかりふき、保存袋に入れて空気を抜き、冷凍する。

 →

解凍&調理

室温に5分おけばサクサク切れる
室温に約5分置くと好きな形に切ることができる。煮物、炒めもの、スープ、サラダなどあらゆる料理に使える。

カットしたもの ▶ 保存期間の目安 **1カ月**

① ささがきにして水けをしっかりふく。

② 冷凍用保存袋に入れて冷凍する。

 →

解凍&調理

解凍後もシャキシャキ感あり
凍ったまま煮物に活用するほか、ハンバーグやつくねに加えて食感を楽しめる。

オススメレシピ
- 根菜おでん（まるごと） ● ごぼうのしょうゆ漬け（まるごと）
- たたきごぼう（まるごと） ● ごぼうの柳川風（そぎ切り） ● ごぼうバーグ（そぎ切り）

大根

まるごと購入し、すぐ使わない分は用途に合わせて切り、冷凍を。
適度に水分が抜け、味がしみやすくなります。

葉も冷凍
できる！

旬
11〜翌3
月

通年流通し、季節
で収穫される品種
が変わる。冬は甘
みがある。

選び方

まっすぐ伸びたもの。
色白で、表面に毛穴が
少なく、ハリとツヤが
あるものが新鮮です。

カットしたもの ▶ 保存期間の目安 **1カ月**

A ① 2〜3cm厚さの輪切りにし、皮を厚めにむく。
片面に厚みの1/3〜1/2まで十文字に切り込みを入れる。
② 冷凍用保存袋に入れて冷凍する。

解凍&調理

**下ゆでいらずで
煮込みに使える**
凍ったまま、おでんなどの
煮込み料理に活用。下ゆで
いらずで、短時間で味がし
み込み、時短に役立つ。

B ① 皮をむき、5mm幅のいちょう切りにする。
② 冷凍用保存袋に入れて空気を抜き、冷凍する。

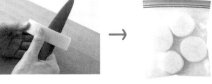

解凍&調理

凍ったまま鍋に入れてOK
炒めもの、煮物、スープに
入れて加熱すると、凍った
ままでもすぐ火が通る。生
よりやや弾力のある食感に。

C ① 皮をむいてすりおろし、軽く水けをしぼる。
② 使いやすい分量に分けてラップで包み、
冷凍用保存袋に入れ、平らにして冷凍する。

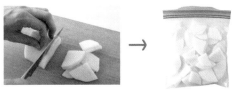

解凍&調理

焼き魚に添えて
自然解凍し、焼き魚などに
添えて。こってりとした煮
汁に加えておろし煮に。あ
えものや汁物に加えても。

 **オススメ
レシピ**

●おでん（A輪切り） ●ブリ大根（A輪切り） ●大根の豚バラ炒め（Bいちょう切り）
●大根とにんじんのみそ汁（Bいちょう切り） ●みぞれ鍋（Cすりおろし）

にんじん

常備野菜の定番ですが、多めに買ったら冷凍すると長もち。いろいろな形に切っておくと使いやすくて便利。

旬
9~12
月

4~9月に出回る
ものは、収穫後す
ぐなので軸の色が
緑色。

選び方

赤みが鮮やかで、皮が
なめらかなものを。葉
の切り口の軸が小さい
ものは実がやわらか。

皮はむかなくて
OK!

カットしたもの ▶ 保存期間の目安 **1カ月**

A ① 洗って水けをしっかりふき、5mm幅のいちょう切りにする。

② 冷凍用保存袋に入れて
冷凍し、約1時間後、
とり出して振っておくと、
固まらずにとり出せる。

 →

B ① 洗って水けをしっかりふき、3~4cm長さの細切りにする。

② 冷凍用保存袋に入れて
冷凍する。
約1時間後、振って
固まらないようにする。

 →

解凍&調理 | **必要な量を出して凍ったまま調理**
冷凍中に振るひと手間で、凍ったままでも欲しい分だけとり出せる。煮物、炒め
もの、汁物、サラダなどに。

 **オススメ
レシピ** ●ポテトサラダ(Aいちょう切り) ●豚汁(Aいちょう切り) ●にんじんのたらこ炒
め(B細切り) ●にんじんしりしり(B細切り) ●にんじんラペ(B細切り)

れんこん

大根とくらべて水分が少ないれんこんは、冷凍しても食感は大きく変わりません。まるごと冷凍しても大丈夫。

旬 9〜12月
通年、出回るが秋〜冬が旬。7〜9月の新れんこんもある。

選び方
皮にツヤがあり、色ムラがなく、肉厚で丸みのあるもの。切り口が白く、穴の中が黒くないものを。

冷凍しても歯ごたえキープ！

まるごと ▶ 保存期間の目安 **1カ月**

1. 冷凍用保存袋のサイズに合わせて切り、皮をむく。
2. 1個ずつラップに包み、冷凍用保存袋に入れて冷凍する。

解凍&調理
必要な量だけ、すりおろせる
室温に5分置けば、包丁が入る。煮物、炒めもの、汁物などあらゆる料理に。すりおろしてチヂミに加えても。

カットしたもの ▶ 保存期間の目安 **1カ月**

1. 皮をむき、1cm幅のいちょう切りにする。
2. 冷凍用保存袋に入れて空気を抜き、冷凍する。

解凍&調理
凍ったまま、加熱調理して使う
包丁を使わず、凍った状態で炒めものや煮物に使える。生ほどではないものの、サクサクとした食感がある。

 オススメレシピ
- れんこんの甘辛炒め（そのままを輪切りにする）
- 和風ポトフ（そのままを輪切りにする）　● れんこんと豚バラ蒸し（半月切り）
- れんこんのピクルス（半月切り）　● れんこんとにんじんのきんぴら（半月切り）

きのこ類・薬味野菜・発芽野菜

きのこは冷凍すると、うまみも栄養価も
上がるのでフリージングにおすすめの食材。
少しずつ使うことのある薬味や発芽野菜も
冷凍しておくと便利。

しいたけ

うまみ成分が豊富なしいたけですが、冷凍すると水分が抜け、
さらにうまみがアップ。安価なときに冷凍しておきましょう。

冷凍すると
うまみが
アップする！

旬
3〜5
9〜11
月

通年流通してい
るが、天然や露
地栽培は4〜5
月、10〜11月に
収穫される。

選び方

かさが肉厚で丸みを帯び
ていて、さらに、かさの
裏側が白いものが良品。
軸は太くて短いものがよ
いでしょう。

 オススメレシピ

● しいたけのホイル焼き（まるごと）

● しいたけの肉詰め（まるごと）

● しいたけとししとうの焼きびたし（まるごと）

● 五目ごはん（薄切り）

● しいたけのお吸い物（薄切り）

まるごと　▶ 保存期間の目安 **1カ月**

1 汚れていたらキッチンペーパーで汚れをふく。

2 石づきを切り落とし、かさと軸に分けて、冷凍用保存袋に入れて冷凍する。

解凍&調理

冷凍室から出した直後に切れる
凍るとスポンジ状になり、凍ったままでも好きな形に切ることができる。切りにくい場合は1〜2分、室温におけばOK。石づきも同様にカットできる。

カットしたもの　▶ 保存期間の目安 **1カ月**

1 汚れていたらキッチンペーパーで汚れをふく。

2 石づきを切り落とし、かさと軸に分けて、かさはうす切り、軸は手で細かくさく。

3 冷凍用保存袋に入れて冷凍する。

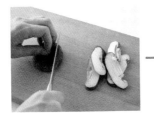 

解凍&調理

そのまま加熱調理をする
凍ったまま鍋やフライパンに入れ、煮物や炒めもの、鍋、スープなどに活用する。うまみたっぷりの軸も一緒に加えて。

エリンギ

解凍すると少しやわらかくなります。クセがないので、
冷凍室に常備しておくと料理のボリュームを出すのに重宝します。

**旬
通年**

日本で売られてい
るエリンギはすべ
て栽培されたもの
のため、旬はなし。

生と同じように
凍ったまま使える！

選び方

かさが薄い茶色で、内側
に巻き込んでいるものが
オススメ。軸は白くて太
く、適度に弾力があるも
のが新鮮です。

 ### オススメレシピ

● まるごとエリンギのホイル焼き（まるごと）

● まるごとエリンギの肉巻き（まるごと）

● エリンギと鶏肉のトマト煮（薄切り）

● エリンギとピーマンのオイスターソース炒め（薄切り）

● エリンギの中華スープ（薄切り）

まるごと ▶ 保存期間の目安 **1カ月**

1️⃣ 水分がついていたらキッチンペーパーでふく。

2️⃣ そのまま冷凍用保存袋に
入れて空気を抜き、
冷凍する。

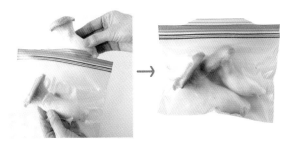

解凍&調理

凍ったままでも好きな形に切れる
凍ったままでも包丁が入り、凍ったまま加熱調理できる。縦にうす切り、輪切り、斜め切りと、つくりたい料理に合わせてカット可能。

カットしたもの ▶ 保存期間の目安 **1カ月**

1️⃣ 縦半分に切って斜めうす切りにする。

2️⃣ 冷凍用保存袋に入れて
空気を抜き、冷凍する。

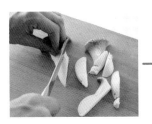

解凍&調理

すぐ火が通るから炒めものやスープに
凍ったまま、鍋やフライパンに入れて調理。薄いうえに、冷凍によって火の通りが早まるので短時間でつくる炒めものやスープにオススメ。

マッシュルーム

洋風料理に欠かせない、きのこのひとつ。
独特の食感が冷凍しても残ります。少量でもあるとアクセントになります。

生食だと約4日しか
保存できないので
冷凍がオススメ！

旬
通年

人工栽培されたも
のが一年じゅう出
回っているため、
実質的な旬はなし。

選び方

形が丸く、かさの表面に
キズや割れがないものを
選びます。切り口が変色
しているものは鮮度が落
ちています。

 ### オススメレシピ

● アヒージョ（まるごと）

● マッシュルームのフリット（まるごと）

● ナポリタン（薄切り）

● ピザのトッピング（薄切り）

● マッシュルームのクリームスープ（薄切り）

まるごと ▶保存期間の目安 **1カ月**

1 汚れがあればキッチンペーパーでふく。

2 軸をとる。

3 冷凍用保存袋に入れて
空気を抜き、冷凍する。
  ※軸は石づきを切り落として
  冷凍可。

解凍&調理

凍ったまま、好きな大きさに切れる
凍った状態でカットが可能。食感を味わうなら、凍ったまま、まるごとをアヒージョに。
凍ったまま半分に切ってシチューなどの煮込み、フリットなどの揚げものに。

カットしたもの ▶保存期間の目安 **1カ月**

1 汚れがあればキッチンペーパーでふく。

2 軸をとり、薄切りにする。

3 冷凍用保存袋に入れて
空気を抜き、冷凍する。

解凍&調理

使いたいときにサッと出して加熱調理
使うときは凍った状態でOK。ピザのトッピングやスープなど、必要な量だけ、サッと使い
たいときにあると便利。

えのきだけ

クセがなく、いろいろな食材と相性がよい
えのきだけ。冷凍しておけば、おかずのボリュームを
出すのに役立ちます。

店頭に並んでいる
ものは、ほぼ人工
栽培のため、実質
的な旬はない。

選び方

色白で、軸がピンと
して全体がしまって
いて、かさが開いて
いないものが新鮮。

冷凍で
うま味を
堪能しよう!

まるごと ▶ 保存期間の目安 **1カ月**

1 根元を切り落とし、
長ければ半分に切る。

2 軽くほぐし、
冷凍用保存袋に入れ、
平らにして空気を抜き、
冷凍する。

 →

解凍&調理

袋から出して、すぐ調理に使える
凍ったままでもすぐに切ることができる。凍った状態で即活用。火の通り
が早く、炒めものやさっと煮、スープなどのスピード料理に最適。

 **オススメ
レシピ**

- えのきの豚肉巻き焼き
- えのきとベーコンのさっと炒め
- えのきのもずく酢あえ
- なめたけ(えのきの佃煮)
- えのきと絹さやの中華スープ

しめじ

冷凍によって余計な水分が抜け、うまみがアップ。
細かくほぐしておけば、必要な量だけとり出せます。

旬
9〜11
月

一般的なぶなしめじは通年流通。天然ものの旬は11月下旬まで。

冷凍すると
うまみ成分が
出やすくなる！

●
選び方

かさは小さめで、軸は太くて短め、根元がふっくらとしているものを選びましょう。

まるごと　▶ 保存期間の目安 **1カ月**

1 根元を切り落とし、
バラバラにほぐす。

2 冷凍用保存袋に入れて
平らにし、
空気を抜いて冷凍する。

 →

解凍&調理

使い方は生と同じ。そのまま加熱
凍ったまま煮物や炒めもの、スープなどに使用。火の通りが早いので、レンジ加熱するだけでナムルなどが時短でつくれる。

 **オススメ
レシピ**

● しめじと小松菜のさっと煮　● しめじとほうれんそうの卵炒め

● しめじのナムル　● きのこごはん

● しめじのみそ汁

なめこ

スーパーで生のものが手に入りますが、
手軽に使えるのはパック入り。
袋のまま冷凍保存することができます。

旬
通年

天然(生)なめこの
旬は9〜11月。菌
床栽培は通年流通。

日持ち
しないので
冷凍がオススメ！

選び方

パック入りは袋がふ
くらんでいないもの、
ゼリー状の部分にに
ごりがないものを選
びます。

まるごと ▶ 保存期間の目安 **1カ月**

1 袋のまま、冷凍室に
入れて冷凍する。

※少量ずつ使う場合は、
袋にはしで折れ目を
つけておくと便利。

 →

解凍&調理 **冷凍前と食感が変わらない！**
煮物やみそ汁には凍ったまま入れて加熱する。生食はNGなのでゆでて解
凍し、あえものに。

 **オススメ
レシピ**

●豆腐のなめこあんかけ　　　●なめこのおろしあえ

●なめことオクラのポン酢あえ　●なめことろろそば　　●なめこ汁

パセリ

料理の彩りに活躍するパセリ。
上手に冷凍すればパラパラ状態をキープ可能。
使いたい分をパッととり出せます。

旬
3〜4、
9〜10
月

一年中出回るが、
葉がやわらかく香
りが強いのは春。

軸も冷凍して
使えるよ！

選び方

葉色が濃くツヤがあ
り、葉が内側にカー
ルしてこまかくちぢ
れているものを選び
ましょう。

まるごと

▶ 保存期間の目安 **1カ月**

1 洗って水けを
しっかりふく。

2 葉をつんで茎と分ける。

3 まとめて冷凍用保存袋に
入れて空気を抜き、
冷凍する。

 →

解凍&調理　**袋の上からもんでパラパラに**
凍ったら袋の上からもむと葉がこまかくなる。使うぶんだけ、スプーンで
とり出し、残りはすぐ冷凍室に戻す。茎はスープの風味づけに。

 **オススメ
レシピ**

● パセリ入りオムレツ　● 鮭のパセリパン粉焼き　● パセリライス

● タルタルソース　● コンソメスープ

しょうが

冷凍するとさわやかな香りは落ちますが、辛みはそのまま。
炒めもの、煮物、スープ、下味つけと、生と同じ使い方ができます。

旬
通年

根しょうがは通年
出回っている。新
しょうがの旬は6
〜8月。

一度に
使いきれないから、
冷凍がオススメ！

選び方

形がふっくら。皮の色は
均一で光沢があり、表面
にキズや干からびがない
ものが良品。

オススメレシピ

● 豚肉のしょうが焼き（まるごと・カットしたものをすりおろす）

● 焼きなす おろししょうがのせ（カットしたものをすりおろす）

● 薬味だれ（カットしたものをみじん切り）

● 青菜のしょうがスープ（カットしたものを千切り）

● 薄切りしょうがの甘酢漬け（カットしたものを薄切り）

まるごと ▶ 保存期間の目安 **2カ月**

1 汚れていたらペーパーでふきとる。

2 まるごとラップに包み、
冷凍用保存袋に入れて
冷凍する。

解凍&調理

凍ったまま、必要な量だけすりおろせる
すりおろすのは凍ったままでOK。残った分は再びラップに包んで保存袋に入れれば、何度でもくり返し使える。

カットしたもの ▶ 保存期間の目安 **1カ月**

1 汚れていたらペーパーでふきとる。ひとかけずつに切る。

2 ひとかけずつ
ラップでぴったり包み、
冷凍用保存袋に入れて
冷凍する。

※薄切りや千切り、
すりおろして冷凍もOK。

解凍&調理

風味出しや、くさみ消しにも使える
室温に5分ほどおけば切ることができる。凍ったまま、炒めものや煮物、スープに入れて加熱。しょうがの風味や辛みがアクセントに。肉や魚のくさみ消しにも使える。

にんにく

にんにくは冷凍することで繊維が壊れ、風味が出やすくなります。
まるごと冷凍なら、皮つきのままがベスト。

旬
6〜8
月

外国産が通年出回るが国産は夏が旬。5〜6月は新にんにくが出回る。

みじん切りを
オリーブオイルに
ひたして冷凍すると
便利！

選び方

重みがあり、粒が大きくてサイズがそろっているものがオススメ。外皮は白く、しっかりしているものが新鮮。

 オススメレシピ

● にんにくのしょうゆ漬け（まるごと）

● ガーリックチキン（薄切り）

● 青菜のにんにく炒め（薄切り）

● ガーリックスープ（薄切り）

● ペペロンチーノ（みじん切り）

まるごと　▶ 保存期間の目安 **2カ月**

1 皮を残したまま、1かけずつに分ける。

2 冷凍用保存袋に入れて
空気を抜き、冷凍する。

解凍&調理

生より凍った状態のほうが皮むきが簡単
凍ったまま両はしを切り落とし、水でサッと濡らして中身を押し出せば、皮が簡単にむける。生と同じように薄切りやみじん切りができる。すりおろしもスムーズ。

カットしたもの　▶ 保存期間の目安 **1カ月**

1 皮をむき、薄切り（みじん切り）にし、小分けにしてラップに包む。

2 冷凍用保存袋に
入れて冷凍する。
気になるようなら
中心の芽をとり除く。

解凍&調理

火の通りが早いので凍ったままで
調理するときは凍ったままでOK。解凍すると生と同じように使える。いろんな切り方を用意すれば、あらゆる料理に対応できる。

大葉

冷凍すると生のようなハリは戻りませんが、
香りは生に近い状態です。
凍ったまま、使いましょう。

選び方

緑色が濃く、葉先ま
でピンとしているも
のを選びます。切り
口が黒ずんでいたら
NG。

旬
6〜10
月

ハウス栽培が年
中市場に出回る
が、露地物は初
夏から夏が旬。

使うぶんだけ、
手早く
とり出して！

まるごと ▶ 保存期間の目安 **1カ月**

① 洗って水けをしっかりふき、軸をとる。

② まとめて冷凍用保存袋に
入れて冷凍する。

 →

解凍&調理

袋の上からもめば、包丁不要
冷凍室から出しておにぎりに巻いたり、ラップの上から手でもみ、細かく
して使う。3〜4枚ずつ重ねてラップに包んでおくと少量ずつ使える。

 **オススメ
レシピ**

● 大葉のおにぎり（まるごと）　● 大葉のジェノベーゼ（まるごとをミキサーに）

● 大葉入り豆腐ハンバーグ（まるごとを細かくする）

● しそギョーザ（まるごとを細かくする）

● 大葉のせ冷ややっこ（まるごとを細かくする）

みょうが

いたみが早いみょうがは、使いきれなければ冷凍して保存。好きなときに薬味やスープの具などに使えます。

選び方

赤みがきれいで、丸みを帯び、しまっているものが新鮮。ふかふかしたものは古い証拠。

旬
6〜10
月

ハウス栽培が通年流通。旬は夏と秋。秋のほうが大きい。

冷凍すると水っぽくなるけど味がしみ込みやすい！

まるごと ▶ 保存期間の目安 **2カ月**

① よく洗って水けをしっかりふく。

② 冷凍用保存袋に入れて空気を抜き、冷凍する

 →

解凍&調理

**凍ったまま薄切りも
みじん切りも**

凍ったままでも、薄切りやみじん切りなど好きな形に切ることができる。切りづらい場合は室温に5分ほど置いて。

カットしたもの ▶ 保存期間の目安 **1カ月**

① よく洗って水けをしっかりふく。

② 0.5cm幅の小口切りにし、冷凍用保存袋に平らにして入れて冷凍する。

 →

解凍&調理

**凍ったまま、
冷たいめんつゆに**

凍ったままスープや薬味に使える。夏場は、凍ったままめんつゆに入れると、氷がわりになって、のどごしひんやり。

 **オススメ
レシピ**

- みょうがのピクルス(まるごと)
- みょうがときゅうりの酢の物(まるごと)
- みょうがの天ぷら(まるごと)
- みょうがのせ冷ややっこ(小口切り)
- みょうがと卵のスープ(小口切り)

パクチー

冷凍しても香りが残ります。
生のようなパリッとした食感はないので、
餃子や煮込み料理の風味づけにオススメ。

旬
3〜6
月

通年出回っている
が、露地栽培は春
から初夏に販売さ
れている。

根元もスープの
風味づけに使えるので、
葉や茎と冷凍を！

選び方

根つきで、香りが強
く、緑色が鮮やか。
葉先がしおれていな
いものがオススメ。

カットしたもの ▶ 保存期間の目安 **1カ月**

① 洗って水けをしっかりふき、ざく切りにする。

② 根元もいっしょに
冷凍用保存袋に入れて
冷凍する。

 →

解凍&調理　**葉は袋の上からもんでこまかく**
凍ったまま、袋の上から手でもむと、葉は細かくなります。茎や根元は凍
ったまま刻んで、煮込みやスープのくさみ消しに！

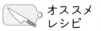 **オススメ
レシピ**
● パクチーギョーザ　　　　　　● パクチー入りエスニックカレー
● パクチーと豚ひき肉のピリ辛スープ　● パクチーじょうゆたれ

バジル

さわやかな香りがするバジルは冷凍もOK。
凍ったら細かくくだいて保存すると
ドライのように風味づけとして活用できます。

旬
7〜10
月

以前は外国産がメインだったが、国産が増え、入手しやすくなった。

選び方

葉にツヤがあり、葉先から茎までピンとしていて、ダレていないものを選びます。

乾燥に
弱いから
冷凍向き！

カットしたもの ▶ 保存期間の目安 **1カ月**

1 洗って水けをしっかりふく。

2 茎から葉をつんで、
冷凍用保存袋に入れて
冷凍する。

 →

解凍&調理

細かくしてドライ風味に
凍ったまま煮込みに加えるか袋の上からもんでパラパラにしてチキンソテーなどの風味づけに。完全に解凍すると香りが逃げてしまいやすく、食感も見た目も悪くなるため、凍ったまま使う。

 **オススメ
レシピ**

● トマトのバジル炒め　● ガパオライス　● バジルドレッシング

● 鶏肉のバジル風味焼き　● たことトマトのバジルあえ

もやし

冷凍もやしはシャキシャキの食感を楽しむ炒めものより、煮物やスープに使いましょう。味のしみ込みも抜群。

加熱すると味がしみ込みやすい！

旬 通年

一年中おいしく食べられる。

選び方

茎が太く、ハリとツヤがあるものがオススメ。ひげ根が茶色いものは鮮度が落ちているサイン。

まるごと

▶ 保存期間の目安 **1カ月**

A ① 開封前なら袋のまま、冷凍室に入れて冷凍する。

 →

B ① 袋から開封していたら、冷凍用保存袋に移す。

② 空気を抜いて冷凍する。

 →

解凍&調理

調理前に、使いやすくほぐす
冷凍するとかたまるので、袋の上からもんだり、割りほぐしたりしてから使う。解凍しないで、そのまま加熱調理。炒めるより、さっと煮や汁ものなど、煮汁が多い料理向き。

 オススメレシピ

- もやしと豚バラの重ね蒸し
- もやしと油揚げの煮びたし
- もやしと厚揚げの卵とじ
- もやしナムル
- 豆もやしスープ

かいわれ菜

発芽野菜（スプラウト）の代表格で、ピリッとした
清涼感が特徴です。冷凍しても辛みは楽しめます。

旬
通年

年間を通して流
通。多く出回る
のは5月。

種ガラを
とりのぞいてから
冷凍を

選び方

葉の緑色が濃く、シ
ャキッと伸びている
もの。根元のスポン
ジがきれいなものを
選びましょう。

カットしたもの   ▶ 保存期間の目安 　**1カ月**

1 根元を切り落とし、洗って水けをしっかりふく。

2 冷凍用保存袋に入れて
空気を抜き、冷凍する。

 →

解凍&調理

辛みが生きるシンプルな汁物などに

解凍すると少しクタッとするので、食感を楽しむサラダより、あえものや
さっと煮、お吸い物などに使うのがベター。

 **オススメ
レシピ**

- かいわれ菜のおかかあえ
- かいわれ菜の煮びたし
- かいわれ菜と桜えびの卵炒め
- 梅干しとかいわれ菜のお吸い物
- かいわれ菜とかにかまのスープ

豆苗

キヌサヤエンドウなどの種を発芽させて作るのが豆苗。
1パック分の量が多いので、
すぐ使わないぶんは冷凍を。

旬
通年

通年流通しているが、本来の旬は3〜5月。

事前に
根っこは必ず
切ってね！

選び方

葉が鮮やかな緑色で、開いているもの、茎がピンとしたものが新鮮。

カットしたもの ▶ 保存期間の目安 **1カ月**

1 根元を切り落とし、洗って水けをしっかりふく。

2 冷凍用保存袋に入れて空気を抜き、冷凍する。

 →

解凍&調理
加熱調理にボリュームと彩りがプラス
凍ったまま炒めものや煮物、スープに使って彩りよく仕上げる。冷凍すると、特有のシャキシャキ感は減るが、おかずのボリューム出しに活躍する。

 **オススメ
レシピ**

●豆苗と豚バラ肉のにんにく炒め ●豆苗ときくらげの卵炒め

●白身魚と豆苗のレンジ蒸し ●豆苗とミニトマトのみそ汁

●豆苗のザーサイスープ

Part 4

葉野菜

野菜のなかで、葉を食用とするもの。
単に葉物とも言う。ねぎや玉ねぎ、小松菜、
キャベツなどがあります。

玉ねぎ

まるごとでも冷凍できる玉ねぎ。冷凍することで甘みが凝縮されます。
カットしたものは、火の通りが早くなるので時短調理に役立ちます。

旬
通年

全国で栽培され、
保存性が高いため
通年入手可能。新
玉ねぎだけ 3 〜 5
月が旬。

まるごと冷凍は
コンソメと煮れば
立派な一品に！

選び方

丸くて頭部が小さく、持
つと重みがあるもの。茶
色い皮がしっかり乾燥し、
ツヤがあるものが良品。

 オススメレシピ

● ポトフ（まるごと）

● レンジ蒸し おかかじょうゆのせ（まるごと）

● 肉野菜炒め（A うす切り）

● ドライカレー（B みじん切り）

● ハンバーグ（B みじん切り）

まるごと ▶ 保存期間の目安 **1カ月**

1 皮をむき、洗って水けをしっかりふく。

2 先端と根元を切り落とし、上部に深さ3cmほどの十文字の切り込みを入れる。

3 1個ずつラップに包み、冷凍用保存袋に入れて冷凍する。

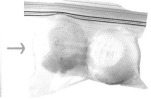

解凍&調理

玉ねぎは凍ったまま加熱を
玉ねぎをまるごと煮るスープや煮込み、レンジ蒸しに。凍ったまま加熱調理できる。冷凍したことでさらに甘みが引き立つ。

カットしたもの ▶ 保存期間の目安 **1カ月**

A 1 皮をむいて洗い、縦にうす切りにする。

2 冷凍用保存袋に入れ、平らにして空気を抜き、冷凍する。

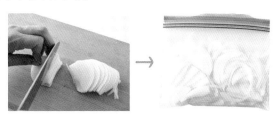

B 1 皮をむいて洗い、みじん切りにする。

2 冷凍用保存袋に入れ、平らにして空気を抜き、冷凍する。

解凍&調理

あめ色玉ねぎが時短ででき上がる
カット玉ねぎは炒めるとすぐ水が抜け、しんなりした状態に。みじん切りの冷凍なら、あめ色玉ねぎも短時間で。調理は凍ったままでOK。

アスパラガス

生のままカットせずに冷凍すると使いみちいろいろ。
すぐ使えるように切って冷凍しても、
時短調理になって便利。

旬
5〜7
月

輸入ものが通年
出回るが、国産
は3〜9月が収
穫時期。

● 選び方

穂先がしまっていて、
茎がまっすぐなもの。
切り口は丸い形で、み
ずみずしいものが良品。

茎が太すぎるのは
冷凍に不向きだよ

まるごと　▶ 保存期間の目安 **1カ月**

1. 洗って水けをふく。
2. 根元の硬い部分を切り落とす。
3. 冷凍用保存袋に入れて冷凍する。

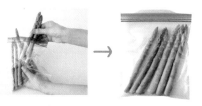

解凍&調理

凍ったままカットも加熱もできる
凍った状態で、斜め薄切りや
3〜4cm長さのぶつ切りが可
能。炒めたり焼いたりするの
も凍った状態でできる。

カットしたもの　▶ 保存期間の目安 **1カ月**

1. 洗って水けをふく。
2. 根元の硬い部分を切り落とし、2cmほどの厚みの斜め薄切りにする。
3. 冷凍用保存袋に入れて平らにし、冷凍する。

解凍&調理

フライパンや鍋にそのまま!
炒めものやスープなら凍った
まま使えて便利。サラダやあ
えものならそのままサッとゆ
でる、またはレンジ加熱。

 **オススメ
レシピ**

- ●ベーコン巻き焼き(まるごと)　●ゆでアスパラの目玉焼きのせ(まるごと)
- ●アスパラの焼きびたし(まるごとをぶつ切り)　●アスパラのバターソテー(斜め切り)
- ●アスパラのコンソメスープ(斜め切り)

ニラ

一度に使いきれなければ冷凍保存を。室温に戻すと、
すぐにベチャッとなるので凍ったまま即調理が基本です。

選び方

葉の色が濃くて色ツヤ
がよく、葉先までピン
として、ニラ特有の香
りが強いものが新鮮。

旬
3〜4
月

通年出回ってい
るが本来の旬は
春。黄ニラは2
〜3月が旬。

調理するときに
解凍の
手間なし!

カットしたもの ▶ 保存期間の目安 **1カ月**

A
1 洗って水けをしっかりふく。

2 根元は、3〜4cm長さの
ざく切りにする。

3 冷凍用保存袋に
平らに入れて冷凍する。

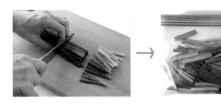

B
1 洗って水けをしっかりふく。

2 粗みじんに切る。

3 冷凍用保存袋に
平らに入れて冷凍する。

解凍&調理

ベチャッとなる前に凍ったまま調理
凍ったまま調理する。ざく切りは炒めものやスープに、粗みじん切りは餃子の具
や薬味だれなどに活用する。

**オススメ
レシピ**

●にら玉(A ざく切り) ●にらと豚肉のチヂミ(A ざく切り)

●にら餃子(B 粗みじん切り) ●にらときのこのしょうがスープ(A ざく切り)

●にらの香味だれ(B 粗みじん切り)

長ねぎ

長いまま冷凍すれば、長ねぎの香りは残ります。
保存袋の長さに合わせて切ると、
冷凍室の場所をとりません。

旬
11〜翌2
月

通年市場に流通し
ているが、晩秋か
ら春先が甘く、お
いしくなる。

選び方

みずみずしく、青い部
分がピンとして、白い部
分は巻きがしっかりし
ているものがオススメ。

冷凍すると
青い部分は
食べやすくなる！

カットしたもの ▶ 保存期間の目安 **1カ月**

A
1 洗って水けをしっかりふく。
2 根元を切り落とし、
冷凍用保存袋のサイズに
合わせて長さを切る。
3 袋に重ならないように入れて
空気を抜き、冷凍する。

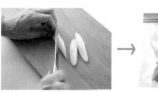

解凍&調理　**みじん切りは冷凍のほうがラク**
凍ったままサクサク切れるので、みじん切りはまるごと保存したものを使うとスム
ーズ。細かく千切りにする白髪ねぎも凍ったまま切って煮物や汁ものに添えてOK。

B
1 洗って水けをしっかりふく。
2 根元を切り落とし、
好みの厚さに斜め切りにする。
3 冷凍用保存袋に入れて
冷凍する。

解凍&調理　**凍ったままでも加熱は短時間でOK**
火の通りが早く、味のしみ込みもよいので、凍った状態で炒めるのも煮るのもサ
ッとですむ。

**オススメ
レシピ**

● 長ねぎのスープ煮（A まるごとをぶつ切りにする）

● ねぎ塩のせ豆腐（A まるごとを小口切りにする）

● 長ねぎと卵の炒め物（B 斜め薄切り）　● 長ねぎとなめこのみそ汁（B 斜め薄切り）

青ねぎ

冷凍してから約1時間後に
保存袋を振ると
パラパラになって使いやすい！

旬 通年

ハウス栽培のた
め、一年中、市
場で販売されて
いる。

選び方

緑色が鮮やかで根元の
白色はハッキリ、根元
から葉先までハリのあ
るものがオススメ。

小分け冷凍
しておくと
サッと使える

カットしたもの ▶ 保存期間の目安 **1カ月**

A
1. 洗って水けをしっかりふく。
2. 根元を切り落とし、長さを冷凍用保存袋のサイズに合わせて切る。
3. 冷凍用保存袋に、入れて空気を抜き、冷凍する。

解凍&調理 **必要な量だけ好きな形に切れる**
保存袋から必要な本数だけとり出し、斜め薄切りや小口切りなどにカット。キッチンバサミで切って汁ものなどに散らせばまな板いらず。

B
1. 洗って水けをしっかりふく。
2. 根元を切り落とし、小口切りにする。
3. 冷凍用保存袋に平らに入れて冷凍する。

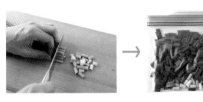

解凍&調理 **袋から出してそのまま和食の彩りに**
小口切りは袋の上から少しもめば、とり出しやすくなる。そのまま、薬味やおかず彩りとして使える。

 オススメレシピ
- ねぎのせ豚肉ともやしのレンジ蒸し（A まるごとをぶつ切りにする）
- ねぎたっぷりチャーハン（B 小口切り） ● 薬味だれ（A 小口切り）
- 青ねぎのみそ汁（B 小口切り） ● ねぎの卵焼き（B 小口切り）

小松菜

選び方

葉全体がピンとしていて、茎は短く太いものがオススメ。

旬
12〜翌3
月

ハウス栽培が通年流通しているが、一度霜が降りたものは甘みが増す。

カットしたもの ▶ 保存期間の目安 **1カ月**

1 洗って水けをしっかりふく。

2 3〜4cm長さのざく切りにし、冷凍用保存袋に入れて空気を抜き、冷凍する。

解凍&調理

小松菜はアクが少ないので凍ったまま炒めものや煮物、スープに。自然解凍し、水けをしぼれば、あえものに。

 オススメレシピ

- 小松菜と鶏肉のうま煮 ● 小松菜と豚肉のオイスターソース炒め
- 小松菜のナムル ● 小松菜とツナのマヨあえ ● 小松菜のみそ汁

ほうれんそう

選び方

葉先はハリがあり、茎はしっかり。根元の赤みが強いほど甘みがあります。

旬
11〜翌1
月

品種が多様なため通年入手可能だが、冬は栄養もあり、甘みも高い。

カットしたもの ▶ 保存期間の目安 **1カ月**

1 洗って水けをしっかりふく。

2 3〜4cm長さのざく切りにする。

3 冷凍用保存袋に入れて空気を抜き、冷凍する。
   ❖よく水けをとり除くこと

解凍&調理

アクがあるため、凍ったまま熱湯を回しかけて解凍する。さらに水にさらし、水けをしぼると、えぐみがとれる。

オススメレシピ

- ほうれんそうのナムル ● ほうれんそうともやしの明太マヨあえ
- ほうれんそうと落とし卵のココット ● ほうれんそうのミルクスープ
- ほうれんそうと豚ひき肉のピリ辛スープ

白菜

選び方

芯の部分が白くツヤがあり、切り口がみずみずしいものは新鮮。

旬
11〜翌2月

産地を変えながら通年出荷されるが、本来の旬は冬。

カットしたもの ▶ 保存期間の目安 **1カ月**

① 葉を1枚ずつはがし、洗って水けをしっかりふく。

② 縦半分に切り、繊維に沿うように2〜3cm幅に切る。

③ 冷凍用保存袋に入れて空気を抜き、冷凍する。

解凍&調理

凍ったまま炒めものやスープに入れて加熱調理。自然解凍して水けをしぼるとあえものになる。

オススメレシピ
- 白菜のうま煮 ● 白菜と肉だんごのスープ煮 ● 辣白菜
- 白菜とみかんのサラダ ● 白菜とはるさめのスープ

CELERY

セロリ

選び方

葉の緑色が鮮やかで、茎はハリがあり肉厚で、筋が凸凹しているものが新鮮。

旬
特になし

産地をリレーしながら出荷されているため、旬は地域による。

カットしたもの ▶ 保存期間の目安 **1カ月**

① 洗って水けをふく。茎と葉を切り分け、茎は筋をとり、使いやすい厚さの斜め切りにする。

② 切り分けた葉は使いやすい長さにざく切りにする。

③ 茎と葉を冷凍用保存袋に入れて空気を抜き、冷凍する。

解凍&調理

茎は凍ったままマリネやスープに。葉は煮込みやスープに加えて、香りづけや、肉や魚のくさみ消しに活用。

オススメレシピ
- セロリのマリネ (斜め薄切り・葉)
- セロリといかのエスニックサラダ (斜め薄切り・葉)
- セロリとベーコンのにんにく炒め (斜め薄切り)

青梗菜
チン ゲン サイ

旬
3〜5、
10〜11
月

通年出回るが、
露地物は晩秋が
もっとも味がよ
くなる。

選び方

葉が濃い緑色で厚みがあ
り、茎は短め、根元がふ
っくらしたものが良質。

カットしたもの ▶ 保存期間の目安 **1カ月**

→

① 葉を1枚ずつはずし、
洗って水けをしっかりふく。

② 食べやすい大きさ、もしくは
ひと口大に切る。

③ 冷凍用保存袋に入れて空気を抜き、
冷凍する。

解凍&調理

解凍するとしんなりしやすいので、凍
ったまま、短時間でできる炒めものや
スープに。自然解凍でおひたしも。

 オススメレシピ

● 青梗菜と厚揚げの煮物　● 青梗菜といかの塩炒め
● 青梗菜と豚肉のピリ辛炒め　● 青梗菜のおひたし
● 青梗菜とザーサイの中華スープ

ブロッコリー

旬
11〜翌3
月

通年流通しているが
本来の旬は冬。夏に
収穫されるものは農
薬が多い場合も。

選び方

つぼみが引きしまっている
ものを選んで。切り口に
「す」があるのはNG。

カットしたもの ▶ 保存期間の目安 **1カ月**

→

① つぼみと茎を切り分け、つぼみは
小房に分け、茎は根元を切り落として
皮を切り落として縦に薄切りにする。

② 洗って水けをしっかりふく。

③ 冷凍用保存袋に入れて空気を抜き、
冷凍する。

解凍&調理

冷凍すると歯ごたえが変化する。ゆで
て食べるより、凍ったまま煮物や濃い
味の炒めものなどが最適。

 オススメレシピ

● ブロッコリーと牛肉のオイスターソース炒め煮　● シチュー
● ブロッコリーと鶏肉のトマト煮　● ブロッコリーのチーズスープ
● ブロッコリーと赤パプリカのマリネ

水菜

選び方

葉先は張り、茎はまっすぐ。葉の緑色と茎の白さがはっきりとしたものを購入。

旬
11〜翌3月

ほぼ通年市場で売られているが、本来は冬から早春の野菜。

カットしたもの ▶ 保存期間の目安 **1カ月**

1. 洗って水けをしっかりふく。
2. 根元を切り落とし、3〜4cm長さに切る。
3. 冷凍用保存袋に入れて空気を抜き、冷凍する。

 →

解凍&調理

生のような食感はないのでサラダは不向き。凍ったまま、さっと加熱する煮物やあえもの、汁ものがベスト。

 オススメレシピ

● 水菜と桜えびの煮びたし   ● 水菜と豆腐のレンジ蒸し

● 水菜のナムル   ● 水菜とちくわのからしあえ   ● 水菜のみそ汁

LETTUCE

レタス

選び方

巻きがゆるくてやわらか。芯の切り口が2cmほどで白いものがオススメです。

旬
4〜9月

通年流通している。春レタスは4〜5月、夏レタスは6〜9月が旬。

カットしたもの ▶ 保存期間の目安 **1カ月**

1. 1枚ずつはがして洗い、ひと口大にちぎる。
2. 水けをしっかりふき、冷凍用保存袋に入れて空気を抜き、冷凍する。

 →

解凍&調理

シャキッとした食感は落ちるので、生食は不向き。炒めもの、あえもの、スープなどに。凍ったまま使える。

 オススメレシピ

● レタスとあさりの中華蒸し   ● レタスのごまあえ

● レタスチャーハン   ● レタスとかにかまのスープ   ● レタスのみそ汁

キャベツ

一気に火を通す炒めものや、口当たりのやさしいコールスローなど、サラダやあえものが最適です。

選び方

切り口が新しく、太くないもの。カットものは断面がみずみずしく、芯が割れていないものを選ぶ。

旬
1〜4
7〜8
月

一年じゅうおいしいものが出回る。日本では品種により旬が変わる。

水けはしっかりふいてから冷凍してね！

カットしたもの ▶ 保存期間の目安 **1カ月**

A
1. 洗って水けをしっかりふく。
2. ひと口大（3〜4cm角）のざく切りにする。
3. 冷凍用保存袋に入れて空気を抜き、冷凍する。

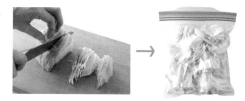

B
1. 千切りにする。
2. 塩適量を振ってもみ、水けをしっかりとしぼり、小分けにしてラップに包む。
3. 冷凍用保存袋に入れて冷凍する。

解凍&調理

加熱すると火の通りはあっという間
火にかけるとすぐにやわらかくしんなりするので時短調理にぴったり。塩もみは自然解凍で、あえものやサラダに。

オススメレシピ

- 回鍋肉（A ざく切り）　● 肉野菜炒め（A ざく切り）
- キャベツと鮭のちゃんちゃん焼き（A ざく切り）　● コールスロー（B 千切り）
- キャベツとベーコンのスープ（B 千切り）

フルーツ

野菜と果実を分ける明確な定義はないので、
このパートではスーパーなどで
フルーツとして売られているものの
冷凍法を紹介します。

バナナ

完熟したバナナなら、冷凍しても甘み濃厚で口当たりなめらか。
皮つきのまま冷凍も可能。皮が乾燥を防いでくれます。

冷凍すると
アイスクリーム
みたいな食感に

旬
通年

通年安定して輸入
されているので、
旬はなし。

選び方

青みが残るものより、熟
して黄色く色づき、形が
丸みを帯びたもの。皮に
黒い斑点があるものは完
熟しています。

 オススメレシピ

● まるごとバナナアイス（まるごと）

● バナナパウンドケーキ（まるごと・輪切り）

● バナナスムージー（輪切り）

● バナナのせヨーグルト（輪切り）

まるごと ▶ 保存期間の目安 **3〜4カ月**

❶ 房から1本ずつに分ける。

❷ 冷凍用保存袋に入れ、
空気を抜いて冷凍する。

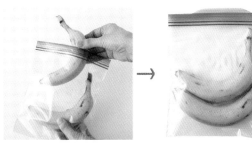

解凍&調理

レンチンすればすぐに切れる!
凍ったまま皮ごと電子レンジ(600W)で20〜30秒加熱すれば甘さ濃厚のバナナアイスに。
半分に切って盛りつけて!

カットしたもの ▶ 保存期間の目安 **1カ月**

❶ 房から分けて皮をむき、1cm幅の輪切りにする。

❷ 冷凍保存袋に
重ならないように入れて
空気を抜き、保存する。

解凍&調理

食べたい量だけ、とり出せる
朝の定番ヨーグルトに凍ったまま2〜3切れのせたり、パンケーキに添えたりと、包丁いらずで手軽に使えて便利。

レモン

レモンなどのかんきつ類は、冷凍中に香りが飛ばないようラップなどで密閉。皮を使うときは無農薬のものを使います。

旬
1～3
月

通年、輸入物が流通。黄色い国産レモンの旬は冬。

皮を使うときは
国産の無農薬が
オススメ！

選び方

皮にハリとツヤがあり、キズやしわがないものを選びます。持つと重みがするものはジューシー。

 オススメレシピ

● 肉料理や焼き魚に（まるごと、A くし形切り、B 輪切り）

● アイスレモンティ（B 輪切り）

● レモンサワー（A くし形切り）

● マリネ（B 輪切り）

● さつまいものレモン煮（B 輪切り）

まるごと ▶ 保存期間の目安 **3〜4カ月**

1. よく洗って水けをしっかりふく。

2. 1個ずつラップに包み、冷凍用保存袋に入れて空気を抜き、冷凍する。

解凍&調理

凍ったまま、皮がラクにすりおろせる
凍った状態で皮をすりおろし、料理の香りづけや、肉や魚のくさみ消しに。果汁は自然解凍してからしぼる。

カットしたもの ▶ 保存期間の目安 **1カ月**

A
1. よく洗って水けをしっかりふく。
2. 8等分のくし形に切って種を除き、使いやすい量に小分けしてラップに包む。
3. 冷凍用保存袋に入れて冷凍する。

B
1. よく洗って水けをしっかりふく。
2. 薄い輪切りにし、種は除く。
3. 冷凍用保存袋に重ならないように入れ、空気を抜いて冷凍する。

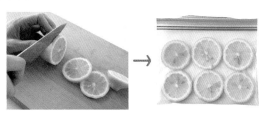

解凍&調理

氷レモンならアイスティーもチューハイも薄まらない
自然解凍し、焼き物や揚げものにしぼってかけて。凍ったまま、カットレモンをアイスティーや炭酸水やチューハイにプラス。色どりもキレイで、おいしい。

アボカド

アボカドはまるごと冷凍できて使いみちいろいろ。
解凍後、おいしく食べるために必ず完熟したものを保存しましょう。

まるごと
冷凍保存向きの
フルーツだよ！

旬
通年

一年中、輸入物が
流通している。ア
メリカでの旬は10
～11月。

選び方

皮が黒褐色でハリとツヤ
があり、全体がほどよく
かたいものを。皮にシワ
があるもの、皮が浮いて
いるものはNG。

 オススメレシピ

● アボカドのチーズトースター焼き（まるごとを半分に切る）

● アボカドサラダ（角切り）

● アボカドとトマトの冷製パスタ（角切り）

まるごと　▶保存期間の目安 **6カ月**

1 洗って水けを
しっかりふく。

2 冷凍用保存袋に入れて
空気を抜き、冷凍する。

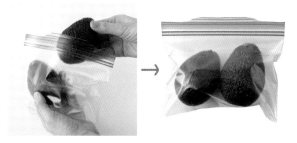

解凍&調理

半解凍で、なめらかアボカドアイスに
室温に15〜20分ほど置くか、電子レンジ(600W)で40〜50秒ほど加熱すると半分に切れる。
種をとり除けば角切りやつぶしても使える。そのままスプーンで食べればなめらかな無添
加アイスに。

カットしたもの　▶保存期間の目安 **1カ月**

1 縦半分に切って種と皮をとり、1.5cm角に切る。
変色が気になる場合は、レモンのしぼり汁少々を振る。

2 切ってからなるべく早く
冷凍用保存袋に
重ならないように入れて、
空気を抜き、冷凍する。

解凍&調理

自然解凍でサラダや冷製パスタに
常温もしくは冷蔵室で解凍させ、サラダや冷たいカッペリーニの上にのせて使う。グラタ
ンやトーストには凍ったまま使える。

いちご

冷凍すると酸みを強く感じやすいので、甘みをプラスして
冷凍するのがポイント。砂糖は粒どうしのくっつき防止にもなります。

旬の時期に
まとめ買いして
冷凍を！

旬
3〜4
月

露地物の旬は春。
ハウス栽培は12〜
2月に多く出回る。

選び方

ヘタの色が濃い緑色のも
のは新鮮。ヘタのまわり
を含めて全体的に赤いも
のがオススメ。キズやい
たみがないかも確認。

 ## オススメレシピ

● いちごシャーベット（まるごと）

● いちごジャム（まるごと）

● いちごムース（まるごと・粗みじん切り）

● デザートのトッピング（粗みじん切り）

● いちごソース（粗みじん切り）

まるごと ▶ 保存期間の目安 **3カ月**

1 洗ってヘタをとり、水けをしっかりふく。

2 冷凍用保存袋に入れ、
砂糖を加えてまぶし、
平らに並べて冷凍する。

※いちご1パック(約300g)につき、
砂糖大さじ3が目安。

解凍&調理

そのままシャーベット、牛乳で割っても
凍ったまま、または半解凍でシャーベットとして食べると甘く、ひんやりしておいしい。
牛乳で割って、いちごをつぶしながら食べても。凍ったまま煮てジャムにも。

カットしたもの ▶ 保存期間の目安 **1カ月**

1 よく洗って水けをしっかりふく。

2 ヘタをとり、
粗みじんに切る。

3 冷凍用保存袋に入れて
平らにし、冷凍する。

解凍&調理

トッピングなど少量使いに活用
必要な量だけ、袋の上から手で割ってとり出し、凍ったままデザートに添えて。甘みが足
りなければハチミツをかける。

さくらんぼ

日もちしないさくらんぼは、すぐに食べなければ冷凍保存を。
必ず軸つきのまま冷凍して、劣化を防ぎます。

旬 5〜7月

ハウスものが4月から出荷されるが、販売されるのは7月じゅうまで。

表面を
傷つけないように
してね！

選び方

赤色がムラなく皮にツヤとハリがあるもの。軸は太く、きれいな緑色のものがオススメ。

まるごと	▶ 保存期間の目安 **2カ月**

1 軸をつけたまま洗って水けをしっかりふく。

2 冷凍用保存袋に
重ならないように入れて
冷凍する。
※軸をとると劣化しやすくなるので
注意。

 →

解凍&調理

半解凍でそのまま食べる
室温に3分おいて、そのまま食べるとひんやりとしておいしい。凍ったままヘタをとり、シロップ漬けなどに。

 **オススメ
レシピ**

● さくらんぼのシロップ漬け　● バニラアイス添え

● さくらんぼのアイスティ　● さくらんぼサイダー

マンゴー

酸味のない甘さでコンビニでも人気の冷凍マンゴー。
完熟したものを使えば自宅でもおいしく作れます。

旬
通年

国産の旬は5〜
8月。海外のも
のは通年出回る。

軽く押して
へこむと
完熟してるよ！

選び方

皮にハリとツヤがあ
り、白い粉（ブルーム）
がついているものを
選びましょう。

カットしたもの ▶ 保存期間の目安 **1カ月**

① 皮と種をとり、食べやすい大きさに切る。

② 冷凍用保存袋に
重ならないように入れて
空気を抜き、冷凍する。

 →

解凍&調理 | **そのまま食べればひと口サイズの甘み濃厚シャーベット**
ひと口サイズなのでそのまま、または解凍して食べるのがオススメ。凍っ
たままスムージーや2〜3分室温に置いてから切ってトッピングにしても。

**オススメ
レシピ**

●マンゴーシャーベット ●マンゴーラッシー ●マンゴーかき氷

●ケーキのトッピング ●マンゴーと生ハムのサラダ

オレンジ

冷凍してもオレンジの風味はしっかり残ります。皮つきの輪切り、果肉のみなど、手軽に使える形でおくと便利。

選び方

皮の穴が小さくなめらかなもの。手に持つと重みがあるものは果肉や果汁が豊富。

旬 通年

国産は12〜翌3月が旬。海外産が通年出回っている。

> 繊維質が多いので冷凍向きの果実!

カットしたもの ▶ 保存期間の目安 **1カ月**

A ① よく洗って水けをしっかりふく。

② 横に5mm幅の輪切りにする。

② 冷凍用保存袋に重ならないように入れて空気を抜き、冷凍する。

B ① 果肉に沿って包丁で皮をむき、薄皮と果肉の間に包丁を入れて果肉を1房ずつとり出す。

② 冷凍用保存袋に入れ、空気を抜いて冷凍する。

解凍&調理

アイスティーに輪切りを浮かべて
輪切りは凍ったままアイスティーに浮かべるとさわやか。果肉は凍ったままシャーベットや解凍してデザートのトッピングやサラダに活用できます。

オススメレシピ

- オレンジアイスティー(A輪切り)
- オレンジシャーベット(B果肉)
- にんじんとオレンジのサラダ(B果肉)
- オレンジのハニーマリネ(B果肉)
- オランジェット(A輪切り)

グレープフルーツ

すっきりとした味わいが楽しめる冷凍のグレープフルーツ。
ホワイトやルビーなど違う色の果肉を混ぜると華やか。

薄皮はなるべく
残さないでね！

旬
通年

年中市場に出回
っているが、ア
メリカでの旬は
4〜5月。

●
選び方

きれいな丸形。ずっ
しりと重みがあるも
のは、果肉や果汁が
詰まっています。

カットしたもの　▶ 保存期間の目安 **1カ月**

1 果肉にそって包丁で皮をむき、薄皮と果肉の間に包丁を入れて
果肉を1房ずつとり出す。

2 冷凍用保存袋に
重ならないように入れて
空気を抜き、冷凍する。

 →

| 解凍&調理 | **凍ったまま彩りや味のアクセントに**
凍ったまま食べると、さっぱりとしておいしい。解凍すればサラダやケーキなどの彩りや味のアクセント使いにも便利。 |

 オススメ
レシピ

● グレープフルーツシャーベット　● レタスとグレープフルーツのサラダ

● グレープフルーツのハニーマリネ　● グレープフルーツジュース

● ケーキやパンケーキ添え

桃

日もちが短く、とてもデリケートなフルーツ。
すぐに食べられなければ冷凍保存しましょう。
やさしい甘みを堪能できます。

旬
7〜9
月

5〜9月に販売
されているが、
旬の時期は初夏
〜夏。

選び方

ふっくらとした形を
して、割れ目を境に
左右が対称。全体に
産毛が覆っているも
のがオススメ。

くぼみ周辺の
青みがとれ、白くなって
きたものは熟したもの。
甘くておいしい。

カットしたもの ▶ 保存期間の目安 **1カ月**

① 皮と種をとり除き、くし形に切る。

② 冷凍用保存袋に
重ならないように入れ、
空気を抜いて冷凍する。

 →

解凍&調理	**冷凍のままでも、桃の甘みを実感** シャーベットとして、凍った状態でそのまま食べるだけでもおいしい。半解凍でも桃の甘みをじっくり感じることができる。

 オススメ
レシピ

●桃のシャーベット　　●桃のコンポート　　●桃のヨーグルトスムージー

●桃のフルーツサンド　●バニラアイス添え

メロン

完熟のものを使えば、冷凍しても甘みしっかり。
水分が多いので、のどを潤し、
手軽な水分補給に活用できます。

> 皮に網目模様が
> ある品種は、
> 網目が細かく入り、
> 盛り上がってくると
> 食べごろ。

旬
**5〜8
月**

通年栽培されてい
るが、露地物は4
月〜夏のあいだに
出荷される。

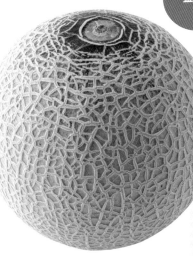

選び方

つるが細く枯れてい
て、ずしりと重みが
あるもの。熟してく
るとおしり部分がや
わらかくなります。

カットしたもの ▶ 保存期間の目安 **1カ月**

1 種とワタをとり除き、ひと口大に切る。

2 冷凍用保存袋に
重ならないように入れて
空気を抜き、冷凍する。

解凍&調理　**冷凍メロン×生ハムの相性は抜群**
凍った状態で生ハムを巻き、ゆっくりと解凍。半解凍になったころが食べ
ごろ。ワインのおともにぴったり。

 **オススメ
レシピ**　● メロンシャーベット　● メロンのスムージー　● メロンのコンポート
　● メロンの生ハムのせ　● メロンのブランデーかけ

すいか

一度にまるごと食べきれなければ冷凍保存。
冷凍する前に種をとっておけば、凍ったままでも使えます。

旬
7〜8
月

5月から小玉の
販売が始まるが、
旬は短い。

1個買って
余ってしまったら、
即冷凍を！

● 選び方

皮の縞模様がくっき
りあらわれているも
の。カットものは種
がしっかり黒いもの
を選びます。

カットしたもの ▶ 保存期間の目安 **1カ月**

① 縦に等分に切り、皮と果肉の間に包丁を入れて一口大に切る。果肉の種をとり除く。

② 冷凍保存袋に
重ならないように入れて
空気を抜き、冷凍する。

 →

| 解凍&調理 | **ひと口シャーベットは夏の水分補給に**
半解凍でシャーベットとして食べると、暑い時期の水分補給に大活躍。ジューサーなどでスムージーにするなら多少種が残っていても大丈夫。 |

 オススメ
レシピ

● すいかスムージー　● すいかシャーベット

● すいかソーダ　● すいか入りフルーツポンチ

パイナップル

果汁が多いため、
果肉のまま袋に入れると
くっついてしまいがち。
一度トレイにのせて
凍らせてから
保存袋に移してもOK。

旬
7〜9
月

通年市場に出回
る。国産は4月
下旬〜8月初旬
に販売。

1個買って
余ったら、
冷凍を！

● 選び方

皮や表皮にツヤがあ
り、葉が枯れている
ものを選びましょう。
おしり部分がつぶれ
ていないか確認。

カットしたもの ▶ 保存期間の目安 **1カ月**

1 皮と芯を切り落とし、果肉を一口大に切る。

2 冷凍用保存袋に
重ならないように入れて
空気を抜き、冷凍する。

解凍&調理 シャーベットで食べるなら半解凍で
シャーベットやヨーグルトなどのトッピングは、半解凍の状態が食べごろ。
スムージーなら凍ったままでも。

 **オススメ
レシピ**
● パイナップルシャーベット ● パイナップルスムージー

● パイナップルジャム ● パイナップルパンケーキ ● 酢豚

ブルーベリー

朝ヨーグルトやデザートのトッピングに活躍する冷凍ブルーベリー。
初夏に生の実を見つけたら冷凍しましょう。

旬
6〜8
月

通年、輸入物が
安定して流通。
国産の旬は夏。

選び方

青紫がきれいに色づ
きハリがあるもの。
白い粉(ブルーム)が
多く残っているもの
がオススメ。

収穫後すぐ
風味が落ちるから、
長期保存には
冷凍を

| まるごと | ▶ 保存期間の目安 **3カ月** |

1. いたんだ実があればとり除く。
2. 洗って水けをしっかりふく。
3. 冷凍用保存袋に入れて
空気を抜き、冷凍する。

 →

解凍&調理 　**凍ったままスムージーやジャムづくりに**
ジャムは生より冷凍を使うほうが、水分が早く抜け、煮る時間を短縮。パン
ケーキはフライパンで焼いている生地の上に凍ったまま散らせばOK。

 **オススメ
レシピ**
● デザートのトッピング　　● ブルーベリージャム　　● ブルーベリーマフィン
● ブルーベリースムージー　　● ブルーベリー入りパンケーキ

ぶどう

実は手でもぎらず、キッチンバサミを使って枝から分けること。
皮に穴があかないので空気に触れず、劣化が防げます。

旬
8〜10
月

品種改良が進み、
1〜3月以外は
だいたい食べら
れる。

冷凍向きの
果実だよ！

選び方

皮の色が濃く、軸が
しっかりしていてい
るもの。白い粉(ブル
ーム)がついているも
のがベスト。

まるごと ▶ 保存期間の目安 **3〜4カ月**

① 枝を5mmほど残して、1粒ずつキッチンバサミで切り離す。

② 洗って水けをしっかりふく。

③ 冷凍用保存袋に入れて
空気を抜き、冷凍する。

解凍&調理 **流水つけおきで、皮むきスムーズ**
凍った実を流水にさらすと、皮がツルリとむける。凍ったまま、もしくは半
解凍でそのまま食べるとおいしい。凍ったまま皮ごとスムージーにしても。

 **オススメ
レシピ** ●ぶどうのシャーベット ●ぶどうのスムージー ●ぶどうのコンポート

柚子

和食の香りづけに欠かせない、柚子（ゆず）。乾燥を防ぐ保存法をすれば、
冷凍しても香りは飛ばず、皮もしぼり汁も活用できます。

旬
10〜翌1
月

黄柚子の旬は秋
〜冬。青柚子の
旬は8月。

旬の短い黄柚子も
冷凍すれば
長く楽しめる！

選び方

均整がとれた丸い形で、
皮が硬くてごつごつした
もの。ヘタが茶色く変色
していないものを選びま
しょう。

 オススメレシピ

● 柚子大根（カットした皮・まるごとをけずる）

● 鮭の柚子香焼き（まるごとをしぼる）

● 柚子皮のせ吸い物（カットした皮）

● 柚子のハチミツ漬け（カットした皮・まるごとをけずる）

● ポン酢じょうゆ（まるごとをしぼる）

まるごと ▶ 保存期間の目安 **3〜4カ月**

1 洗って水けをしっかりふく。

2 1個ずつラップに包み、冷凍用保存袋に入れて冷凍する。

解凍&調理

必要な量だけ皮を使える
凍ったまま皮をけずったり、すりおろしたりできる。和食料理の香りづけに。必要なだけ使ったら、再び袋に戻して冷凍すればOK。自然解凍後にしぼれば果汁も使える。

カットしたもの ▶ 保存期間の目安 **1カ月**

1 よく洗って水けをしっかりふく。

2 皮をピーラー(または包丁)で削る。
使いやすい量ずつ重ならないようにラップに包み、
冷凍用保存袋に入れて
冷凍する。

❖果汁は小分けにして
カップ(P13)に入れ、
冷凍する。
凍ったら保存袋に移し、
冷凍室に戻して保存する。

解凍&調理

皮は彩り、果汁はドレッシングに
皮は凍ったまま刻み、漬け物や吸い物に。果汁は全解凍して焼き魚などにかけたり、ドレッシングやしょうゆと合わせてポン酢じょうゆに。

栗

栗は冷凍すると6カ月ほど保存できるので、秋を過ぎても栗の味覚を楽しめます。
皮むきもコツを覚えればカンタン。

**旬
9〜10
月**

8月中旬〜11月
に収穫される栗。
さらに旬は短い。

選び方

丸みがあり、表面の
鬼皮がかたく、ハリ
とツヤがあるものを
選びましょう。

乾燥する前に
冷凍して
おこう！

カットしたもの ▶ 保存期間の目安 **6カ月**

① 洗って水けをしっかりふく。

② 冷凍用保存袋に入れて
空気を抜き、冷凍する。

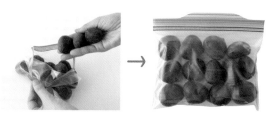

解凍&調理

熱湯をかければ皮むきがカンタン
凍った栗に熱湯をかけて5分放置。おしり側に1cmほどの切り目を入れ、
包丁で皮と渋皮を引っ張るとラクにむける。

 **オススメ
レシピ**

●ゆで栗　　●栗ごはん　　●栗おこわ　●栗の渋皮煮　●栗きんとん
●栗の甘露煮

キウイフルーツ

甘みと酸味のバランスがよく、凍らせて食べるとすっきり、さわやか。明るい黄緑色がお皿に彩りも添えてくれます。

旬
12～5月

国産物は12～5月が旬。5～12月は輸入物が多く出回る。

●
選び方

手に持つとずしりと重さを感じるもの。皮の産毛が均一で密、シワやキズがないものを選びます。

なるべく完熟してから冷凍してね！

まるごと ▶ 保存期間の目安 **3～4カ月**

❶ 洗って水けをしっかりふく。

❷ 皮つきのまま、冷凍用保存袋に入れて空気を抜き、冷凍する。

解凍&調理

**半解凍で
シャーベット風に**
室温に5分おくとカット可能。半解凍で半分に切り、スプーンですくって食べても。シャーベット感覚で楽しめる。

カットしたもの ▶ 保存期間の目安 **1カ月**

❶ 皮をむいて食べやすい大きさに切る（写真は1cm幅の輪切り）。

❷ 冷凍用保存袋に重ならなように入れ、冷凍する。

解凍&調理

**包丁を使わず、
使いたい量だけ**
凍ったまま食べれば、さっぱりとしたシャーベット。砂糖と煮てソースにして、アイスクリームやヨーグルトにかけても。

 **オススメ
レシピ**
●キウイシャーベット（まるごとを半分に切る・カットしたもの）
●キウイスムージー（まるごとをカットする・カットしたもの）
●キウイソース（カットしたもの）　●キウイドレッシング（カットしたもの）

りんご

りんごは丁寧に洗えば、皮ごと冷凍できます。
適度に水分が抜け、生とは違う、ふっくらとした食感を味わって。

選び方

赤い品種は全体が赤く色づき、おしり部分のほうまで赤く色づいたもの。

旬 9〜11 月

5〜7月は収穫されないが、春に収穫されたものが出回ることも。

シャリシャリ感がやみつきに!

カットしたもの ▶ 保存期間の目安 **3カ月**

A

❶ よく洗い、8〜12等分のくし形に切り、薄い塩水にさらし、水けをしっかりふく。

❷ 冷凍用保存袋に重ならないように入れて空気を抜き、冷凍する。

 →

解凍&調理

コンポートのような甘みと食感
自然解凍すれば、やわらかい歯ざわりになる。やさしい甘みも残るので、コンポートに似たデザートに。

B

❶ 縦8等分に切って皮と芯をとり除き、5mm幅のいちょう切りにする。

❷ 薄い塩水にさらし、水けをしっかりふく。

❸ 冷凍用保存袋に入れて平らにし、冷凍する。

解凍&調理

りんごジャムはレンチンもOK
凍ったまま砂糖やレモン汁を合わせ、煮る、またはレンチンでジャムに。やわらかくなるのが早く、気軽につくれる。

オススメ レシピ

● りんごシャーベット（Ａ くし形切り・Ｂ いちょう切り）

● りんごジャム（Ｂ いちょう切り）　● りんごジュース（Ｂ いちょう切り）

● りんご酢（Ａ くし形切り）　● 豚肉とりんごの煮物（Ａ くし形切り）

みかん

皮つきのまま まるごと冷凍すれば長期保存が可能。蒸し暑い時期に体の熱をとり、ビタミンを補給するのに役立ちます。

旬 10〜12月

ハウスものが通年市場に出回っているが、温州みかんの旬は冬。

選び方

皮のオレンジ色が濃く鮮やか。ヘタが小さく中心にあるものを選びましょう。

水にぬらすと表面に氷の膜ができ、乾燥を防げる!

まるごと ▶ 保存期間の目安 **6カ月**

1 洗って水けをしっかりふく。

2 ラップを敷いたトレイに並べ、1時間ほど冷凍する。

3 表面が凍ったら水にくぐらせ、再度ラップを敷いたトレイに並べて冷凍室に戻し、再凍結させる。

4 冷凍用保存袋に移し、冷凍室で保存する。

 →

解凍&調理

皮がむける程度に半解凍させる

室温に少し置いてから皮をむけば、シャリシャリとした食感の冷凍みかんを食べられる。食後のデザートに最適。

カットしたもの ▶ 保存期間の目安 **1カ月**

1 皮をむき、白い筋をとり除いて小房に分ける。

2 冷凍用保存袋に重ならないように入れて冷凍する。

 →

解凍&調理

ジュースやデザートのトッピングに

凍ったまま、ジュースにしたり、ケーキに添えたり。市販のシロップ漬けとは違った自然な甘さを味わえる。

 オススメレシピ
- 冷凍みかん(まるごと) ● みかんジュース(小房) ● みかん牛乳寒天(小房)
- キャベツとみかんのサラダ(小房) ● ヨーグルトなどのトッピング(小房)

いろいろな解凍方法

1 加熱解凍

凍ったまま加熱すると、解凍するときに食材からドリップ（うまみを含んだ水分）が出てしまうのを少なくできるため、おいしく仕上がります。

2 凍ったまま食べる

フルーツやトマトなどは、凍ったまま、もしくは半解凍状態で食べると冷たい食感を楽しめます。長いも、レモン、きゅうりなどは、凍ったまま、すりおろして食べることもできます。

3 自然（常温）解凍

一部の野菜やフルーツは、常温に置くと、食べやすくカットすることができます。パプリカや小松菜などは自然解凍するだけでおひたしとして食べることができます。

4 冷蔵室解凍

時間はかかりますが、味や食感が落ちにくく、多くの食品に向いている解凍法です。ただし、野菜やフルーツは全解凍すると食感が変わってしまうため、あえものにしたいときだけ冷蔵室解凍を活用しましょう。肉や魚はおいしく解凍できるのでオススメです。

5 電子レンジ解凍

時間がないときに便利な電子レンジ解凍。全解凍ではなく、アボカドやバナナなど、早く切りたい食材の半解凍にオススメ。冷凍野菜を電子レンジで解凍すると、野菜本来のにおいが強くなるので、加熱調理を利用しましょう。

6 氷水解凍

冷凍した食材を保存袋に入れたまま、氷水を入れたボウルに入れて解凍します。野菜やフルーツのほか、肉や魚の解凍にもオススメ。流水解凍よりうまみが流れない。

Part 6

ミックス
セット

いろいろな野菜やフルーツが少しずつ残ったら、
ひとつにまとめて冷凍しておくと、
実際に調理するときにとても便利です。

いざ調理するときに超便利な
野菜ミックス

洋風野菜ミックス
（玉ねぎ、赤パプリカ、ズッキーニ）

▶ 保存期間 **1カ月**

●つくり方
玉ねぎ、赤パプリカ、ズッキーニを2cmの角切りにし、混ぜ合わせる。冷凍用保存袋に入れ、冷凍する。

解凍&調理

凍ったまま加熱調理する。

オススメレシピ

スパニッシュオムレツ、ドライカレー、ラタトゥイユ、パスタ など

炒め野菜ミックス
（キャベツ、ピーマン、にんじん）

▶ 保存期間 **1カ月**

●つくり方
ざく切りにしたキャベツ、細切りにしたピーマンとにんじんを混ぜ合わせる。冷凍用保存袋に入れ、冷凍する。

解凍&調理

凍ったまま加熱調理する。

オススメレシピ

肉野菜炒め、コンソメスープ、焼きそば、味噌ラーメン など

ピラフミックス
（玉ねぎ、ピーマン、にんじん）

▶ 保存期間 **1カ月**

●つくり方
1cm角に切った玉ねぎ、ピーマン、にんじんを混ぜ合わせる。冷凍用保存袋に入れ、冷凍する。

解凍&調理

凍ったまま加熱調理する。

オススメレシピ

チャーハン、ガパオ炒め、洋風スープ、オムレツ など

きのこミックス
（しいたけ、しめじ、えのきだけなど）

▶ 保存期間 **1カ月**

●つくり方
好みのきのこを数種類用意し、根元を切り落としてほぐすか、食べやすい大きさに切って混ぜ合わせる。冷凍用保存袋に入れ、冷凍する。

解凍&調理

凍ったまま加熱調理する。火が通りやすいため生より短時間で仕上がる。

オススメレシピ

ホイル焼き、ハヤシライス、鶏のクリーム煮、きのこパスタ など

野菜ミックス

千切り野菜ミックス
（玉ねぎ、にんじん、ピーマン）

▶ 保存期間 **1カ月**

●つくり方
千切りにした玉ねぎ、にんじん、ピーマンを混ぜ合わせる。冷凍用保存袋に入れ、冷凍する。

解凍&調理

凍ったまま加熱調理する。

オススメレシピ

南蛮漬け、中華スープ、甘酢あんかけ、野菜炒め など

根菜ミックス
（れんこん、ごぼう、大根）

▶ 保存期間 **1カ月**

●つくり方
薄いいちょう切りにした大根とれんこん、そぎ切りにしたごぼうを混ぜ合わせる。冷凍用保存袋に入れ、冷凍する。

解凍&調理

凍ったまま加熱調理する。味がしみ込みやすいので、調味料は少なめでOK。

オススメレシピ

けんちん汁、和風カレー、きんぴら、甘酢炒め、煮物 など

中華ミックス
（もやし、ニラ、にんにく）

▶ 保存期間 **1カ月**

●つくり方
もやし、薄切りにしたにんにく、1.5cm長さに切ったニラを混ぜ合わせる。冷凍用保存袋に入れ、冷凍する。

解凍&調理

凍ったまま加熱調理する。

オススメレシピ

にら玉もやし炒め、オイスターソース炒め、中華スープ、ナムル など

スープ用ミックス
（白菜、長ねぎ、しょうが）

▶ 保存期間 **1カ月**

●つくり方
ざく切りにした白菜、斜め薄切りにした長ねぎ、千切りにしたしょうがを混ぜ合わせる。冷凍用保存袋に入れ、冷凍する。

解凍&調理

凍ったまま加熱調理する。火が通りやすいため生より短時間で仕上がる。

オススメレシピ

みそ汁、中華スープ、あんかけ、豚バラ白菜のうま煮 など

小腹がすいたときに超便利な
フルーツミックス

ベリーミックス
（いちご、ブルーベリー）

▶ 保存期間 **1カ月**

●つくり方
ブルーベリー、縦4等分に切ったいちごを混ぜ合わせる。冷凍用保存袋に入れ、冷凍する。

解凍&調理

凍ったまま食べる、使う。

 オススメレシピ

焼き菓子、シャーベット、スムージー、ジュース、フルーツアイスティー、ジャム など

トロピカルミックス
（マンゴー、パイナップル、バナナ）

▶ 保存期間 **1カ月**

●つくり方
ひと口大に切ったマンゴーとパイナップル、1cm幅の輪切りにしたバナナを混ぜ合わせる。冷凍用保存袋に入れ、冷凍する。

解凍&調理

凍ったまま食べる、使う。

 オススメレシピ

シャーベット、スムージー、ジュース、フルーツアイスティー、トッピング、フルーツポンチ など

かんきつミックス

（オレンジ、グレープフルーツ）

▶ 保存期間 **1カ月**

● つくり方

くし形に切ったオレンジとグレープフルーツを混ぜ合わせる。冷凍用保存袋に入れ冷凍する。

解凍&調理

凍ったまま食べる、使う。

 オススメレシピ

ゼリー、シャーベット、スムージー、ジュース、フルーツアイスティー、ババロア など

グリーンミックス

（メロン、キウイフルーツ、バジル）

▶ 保存期間 **1カ月**

● つくり方

いちょう切りにしたメロンとキウイ、ミントを混ぜ合わせる。冷凍用保存袋に入れ、冷凍する。

解凍&調理

凍ったまま食べる、使う。

 オススメレシピ

シャーベット、スムージー、ジュース、フルーツアイスティー など

食材の索引（五十音順）

————— 著者プロフィール —————

島本美由紀
（しまもと・みゆき）
料理研究家・ラク家事アドバイザー

旅先で得たさまざまな感覚を料理や家事のアイ
デアに生かし、だれもがマネできるカンタンで
楽しい暮らしのコツを提案。冷凍保存のスペシ
ャリストとしても活動し、親しみのある明るい
人柄で、テレビや雑誌、講演会を中心に多方面
で活躍。食品ロス削減、冷蔵庫収納＆食品保存
アドバイザー、防災士の肩書を持つ。『野菜まる
ごと冷凍テクニック』（パイ・インターナショナ
ル）など、著書は70冊を超える。

スタッフ

ブックデザイン	tabby design
撮影	岡田善博
調理アシスタント	原久美子
編集協力	和田康子
編集	石橋美樹

生のまま！
野菜&フルーツ最新冷凍術

発行日	2021年7月22日	第1版第1刷

著　者	島本　美由紀

発行者	斉藤　和邦
発行所	株式会社　秀和システム
	〒135-0016
	東京都江東区東陽2-4-2　新宮ビル2F
	Tel 03-6264-3105（販売）Fax 03-6264-3094
印刷所	三松堂印刷株式会社　　　　Printed in Japan

ISBN978-4-7980-6508-3 C0077